FISSION GROWTH
RAPID CREATION
OF LARGE-SCALE USERS

裂变增长
快速创造规模化用户

施 襄 杨嘉伟 —— 著

清华大学出版社
北 京

内 容 简 介

在比较低的客单价及低购买频率的背景下，一对一的销售模式已经慢慢失效。而且娱乐至死的呼声也越来越高，越来越多的线上娱乐APP占据了用户大量的时间，导致流量的价格越来越高。如何解决用户快速的几何增长，快速获得流量，并成功变现，是营销人员都在思考的问题。

为了帮助营销人员实现裂变营销，降低获客成本，本书为读者提供了详细的用户裂变操作指导，包括裂变之前的认知、工具、方法论等，并从各个角度进行一一讲解。这些都是具有可操作性的内容，可以帮助运营者有效获得流量。

另外，本书对裂变方法也进行了拆解，提供了具体流程以及注意事项，还有裂变后的流量处理方法，这些对于谋求流量增长的企业来说是必须学习的内容。本书通过理论式的讲解和案例模板的方式，教你快速创造规模化用户，非常值得需要摆脱流量困境的创业者及运营人员学习。

本书封面贴有清华大学出版社防伪标签，无标签者不得销售。

版权所有，侵权必究。举报：010-62782989，beiqinquan@tup.tsinghua.edu.cn。

图书在版编目(CIP)数据

裂变增长：快速创造规模化用户 / 施襄,杨嘉伟著. —北京：清华大学出版社，2019（2025.4重印）
（新时代·营销新理念）
ISBN 978-7-302-52831-9

Ⅰ.①裂… Ⅱ.①施… ②杨… Ⅲ.①企业经营管理 Ⅳ.①F272.3

中国版本图书馆CIP数据核字(2019)第082675号

责任编辑：刘　洋
封面设计：徐　超
版式设计：方加青
责任校对：宋玉莲
责任印制：刘　菲

出版发行：清华大学出版社
网　　址：https://www.tup.com.cn, https://www.wqxuetang.com
地　　址：北京清华大学学研大厦A座　　邮　编：100084
社 总 机：010-83470000　　邮　购：010-62786544
投稿与读者服务：010-62776969，c-service@tup.tsinghua.edu.cn
质 量 反 馈：010-62772015，zhiliang@tup.tsinghua.edu.cn
印 装 者：涿州市般润文化传播有限公司
经　　销：全国新华书店
开　　本：170mm×240mm　　印　张：15.75　　字　数：238千字
版　　次：2019年9月第1版　　印　次：2025年4月第6次印刷
定　　价：59.00元

产品编号：082631-01

前言

如果说创建品牌就像修建巴比伦塔,那么讨论如何让品牌生而不凡就是建造它起点的那块基石。后人仰视成为明珠的那些品牌,它们在诞生的最初,往往会隐含一些符合成功法则的基因,这些基因不易被发现,但一旦被发现,就能带领企业走向成功。

如果对商业世界进行分类,可以简单地理解成产品的世界和品牌化产品的世界,而两者之间最重要的区别就是——是否基于认知去设计。产品的世界,无关认知,仅仅提供必要的功能价值,这在稀缺经济时代毫无压力,但在竞争激烈的今天,这种仅仅以产品为核心的运营模式其生存空间是十分有限的。

现在,不少公司都在抱怨:为什么产品卖不出去?为什么形成品牌以后,无法取得用户的信任?为什么转化率和复购率一直非常低?为什么团队不给力,业绩迟迟上不去?其实,这些问题的根源无外乎以下几点:

(1)不重视产品的开发与设计,没有进行宣传和推广;
(2)没有抢占用户的心智和认知;
(3)忽略客户的转化旅程,增长战略较差;
(4)缺乏快速创造规模化用户的爆裂能力;
(5)团队没有以增长为导向,也没有用数据做驱动。

基于以上这些问题，笔者以如何才能裂变增长用户为主线，创作了本书，并希望读者在阅读本书以后，能够有一个清晰的认知：要创新营销模式；要意识到爆裂的重要性；要学会利用合适的方法解决上述问题。

在渐趋激烈的竞争当中，企业要抢占先机才能独占鳌头，霸占一方市场。一些公司对爆裂营销赞不绝口，并凭借该策略走上了一条快速发展的通道。但是必须要承认的是，这样的公司毕竟是少数，而且其做法也不能直接借鉴。所以，读者还是要在审视自身现实情况的基础上选择真正适合自己的技巧和规则。

笔者用丰富的知识积累和多年的实践经验，浓缩成这本书奉献给每一位读者。书中不仅囊括了大量的知识，还有很多精心制作的图表，做到了图文并茂。在文字内容方面，本书也力求诙谐幽默、浅显直白，可以让读者在轻松愉快的氛围中学到东西。此外，本书为读者提供了很多非常有价值的技巧性"干货"，通过对本书的学习，读者可以迅速创造出规模化用户。

本书内容丰富，案例充实，采用的案例多数都非常经典，也十分新颖。通过这些案例，读者可以深刻了解其成功背后的理论意义和实战技巧。我相信，本书的学习之旅定会是一段非常完美的体验。

目录

第一部分 为什么它们能成为独角兽？

第一章　独角兽的爆裂新打法　>>>　002
　　一、瑞幸咖啡（luckin coffee）：4个月销售500万杯　>>>　002
　　二、Netflix（奈飞）：快速转型成为1600亿美元市值的视频巨头　>>>　007

第二章　来自"独角兽"的启示——快速创造规模化客户的爆裂能力　>>>　011
　　一、"独角兽"的本质——快速创造规模化客户的能力　>>>　011
　　二、营销管理——一个复杂的创造客户使能的过程　>>>　016
　　三、营销进化——创造客户的效率进化史　>>>　021
　　四、为什么你没有成为独角兽？——本质是"全局营销效率差"　>>>　024

第二部分 全局爆裂营销——从认知、转化到增长，快速创造规模化用户

第三章　好产品是爆裂的引子　>>>　030
　　一、营销原型3要素　>>>　030
　　二、模式1：从用户到产品　>>>　035

三、模式 2：从产品到用户 >>> 039

第四章　全局爆裂营销三级 >>> 044
　　一、着眼于用户转化旅程 >>> 044
　　二、爆裂开始：从心智启动 >>> 048
　　三、爆裂进行时：早期的用户转化，成功闭环 >>> 053
　　四、爆裂升级：从早期用户到规模用户，裂变增长 >>> 057

第五章　爆裂开始：从用户心智认知开始 >>> 063
　　一、认知爆裂工具一：定位 >>> 063
　　二、认知爆裂工具二：品类策略 >>> 069
　　三、认知爆裂工具三：品牌人格化 >>> 076
　　四、认知爆裂工具四：品牌名称 >>> 081
　　五、认知爆裂工具五：视觉锤 >>> 088
　　六、认知爆裂工具六：内容运营 >>> 097
　　七、认知爆裂工具七：产品包装 >>> 105

第六章　爆裂进行时：早期用户转化，成功闭环 >>> 114
　　一、用户转化模型：从认知到购买的关键过程 >>> 114
　　二、转化爆裂工具一：广告的效率 >>> 119
　　三、转化爆裂工具二：线下活动的效率 >>> 123
　　四、转化爆裂工具三：线上活动效率 >>> 127
　　五、转化爆裂工具四：销售的效率 >>> 130
　　六、转化爆裂工具五：线上渠道的效率 >>> 133
　　七、转化爆裂工具六：线下店面的效率 >>> 138
　　八、转化爆裂工具七：社交媒体的效率 >>> 142
　　九、基于爆裂效率的转化工具选择与评估（流量大小 VS 质量高低） >>> 145

第七章　爆裂升级：从早期用户到规模用户，裂变增长 >>> 150
　　一、用户规模化增长模型：低频到高频，存量带增量 >>> 150
　　二、规模化增长战略一：拉新 >>> 155

三、规模化增长战略二：复购 >>> 158

四、规模化增长战略三：裂变 >>> 162

五、运营规模用户流量池 >>> 166

第三部分
行动：成为爆裂独角兽

第八章 分析品牌价值网络 >>> 174

一、第一维：横向分析上下游产业链 >>> 174

二、第二维：纵向分析竞品、伙伴等相关利益者 >>> 177

三、第三维：从时间维度追溯品牌 DNA 与愿景 >>> 181

第九章 计划全局爆裂营销行动 >>> 190

一、用户心智认知爆裂设计 >>> 190

二、早期用户转化爆裂设计 >>> 201

三、规模化用户爆裂增长设计 >>> 206

四、不同成长阶段的全局爆裂营销计划 >>> 209

第十章 搭建增长导向、数据驱动的全局爆裂营销团队 >>> 217

一、增长为目标导向 >>> 217

二、传统的品牌导向营销团队 >>> 221

三、新一代基于数据驱动的全局爆裂营销团队 >>> 224

附 录 >>> 229

附录1 营销活动策划方案表 >>> 229

附录2 营销活动实施方案表 >>> 230

附录3 营销总监考核表 >>> 231

附录4 营销人员能力考核表 >>> 232

附录5 新产品销路调查分析表 >>> 233

附录6 线下门店情况调查表 >>> 234

附录7 　来店客户调查分析表　>>>　235

附录8 　竞争门店比较表　>>>　236

附录9 　门店促销活动计划书　>>>　237

附录10　销售效率分析表　>>>　238

附录11　负面情报分析·改善表　>>>　239

附录12　畅销产品分析表　>>>　240

附录13　产品营销分析表　>>>　241

附录14　市场开拓调查分析表　>>>　242

参考文献　>>>　243

FISSION GROWTH

第一部分

为什么它们能成为独角兽?

第一章
独角兽的爆裂新打法

如今，用户的思维、习惯，以及行为都和之前有了很大不同，要想让品牌从渐趋激烈的竞争中脱颖而出，就必须采取与新时代相符的手段。不得不说，裂变已经成为一个非常有效的推广手段，无论是在提升知名度和影响力方面，还是在用户增长方面，都可以发挥超一流的作用。

如果你是裂变老手，可能进行过群裂变、个人号裂变的实际操作；如果你是裂变新手，或许阅读过各种裂变文章。但事实上，任何裂变都有着差不多的技巧。首先，一个精准的定位；其次，数据化的运营和管理；再次，用户的拉新和留存；最后，高质量的输出。即使是一些独角兽，例如，瑞幸咖啡、奈飞等，也都是遵循这样的技巧的。

一、瑞幸咖啡（luckin coffee）：4个月销售500万杯

据相关数据显示，在中国，约每15小时就会有一家星巴克的门店开张。截至2018年5月，星巴克的门店数量已经超过3000家。而风头正劲的瑞幸咖啡（luckin coffee）也宣称，已经完成900家门店的布局，服务用户350万余次，4个月销售500万杯。至此，瑞幸咖啡成为独角兽，并获得了数千万元的天使轮融资，估值超过10亿美元。

第一章
独角兽的爆裂新打法

如果单纯从门店开设的速度来看,瑞幸咖啡约每6小时开设一家门店,速度是星巴克的2.5倍;在营销效率上,瑞幸咖啡更是实施了互联网的降维打法。如果说,以前还是由星巴克、COSTA等玩家主导的咖啡市场,像静流一样有着自己的营销节奏,一家又一家地开设门店、注重用户体验、努力营造第三空间等。而瑞幸咖啡,则是像一个突然闯入老地盘的新牛仔,打法涵盖了互联网赋能新零售的各种动作,如图1-1所示。

图1-1 瑞幸咖啡的各种动作

(一)定位:市场+人群+形象

产品或品牌要想从激烈竞争中脱颖而出,必须做好定位,而瑞幸咖啡的定位则需从市场、人群、形象三个方面进行说明。

我们先来说市场定位。随着星巴克的火爆,咖啡市场已经涌入了太多品牌,取胜的办法只剩下打造差异化,让自己成为唯一,瑞幸咖啡确实是这样做的。

实际上,包括星巴克在内的诸多品牌,关注点都在线下体验上。于是,为了打造差异化,瑞幸咖啡坚持反其道而行,主打线上,不断扩大外卖业务。因为对于一些白领来说,到门店去喝一杯咖啡是比较不现实的,毕竟他们没有那么多空闲时间。抓住了这层空档以后,瑞幸咖啡就开始着重发力外卖市场,在各大写字楼底下开设门店,以便让那些在里面工作的白领,可以用最快的速度喝上最可口的咖啡,搜索结果如图1-2所示。

再来说人群定位。上面已经提到,瑞幸咖啡的目标人群是白领,年龄主要集中在30~39岁。为什么要做这样的定位呢?因为白领的收入稳定并且丰厚,十分在意生活的质量,愿意用较高的价格去购买咖啡,可以为瑞幸咖啡带来更多的盈利机会。

图 1-2　瑞幸咖啡的门店地址（全都坐落于写字楼底下）

最后说形象定位。瑞幸咖啡使用了蓝色的外包装，以及麋鹿形状的 LOGO 标识，不仅简单大方，又非常容易识别，如图 1-3 所示。更重要的是，在得到"小蓝杯"的昵称以后，瑞幸咖啡的传播价值和吸睛价值也有了非常大的提升。

图 1-3　瑞幸咖啡的形象图

（二）整合线上与线下

瑞幸咖啡紧跟新零售的脚步，通过线下门店布局、线上下单支付以及当下非常流行的即时物流配送，突破了单一线下和单一线上的流量和服务局限。

第一章
独角兽的爆裂新打法

据迈赫迪数据显示，咖啡豆磨成粉以后，芳香醛会随着时间的流逝挥发掉一部分。于是，为了充分保证咖啡的口感，瑞幸咖啡与顺丰物流达成了合作，将平均配送时间维持在18分钟。

对此，瑞幸咖啡CEO钱治亚说："前期花了大量时间研发产品、组建团队、选择供应商，从机器到设备到原料；后期大量做底层的技术，底层技术就是我整个的技术系统。这个系统帮助我从前端到后端整个数据和信息化的打通。用户能够在线上看到实时制作情况，配送主要由顺丰承担，30分钟延误率只有0.4%。"

除了顺丰的快速配送以外，智能化的派单系统与丰富的门店网络也造就了瑞幸咖啡的今天。瑞幸咖啡高级副总裁郭谨一说："如果突然有大单，瑞幸会通过后台将单量分散到各个门店，将数据波动降到最低。同时，瑞幸也通过大数据计算门店每天的订货量，以保证不浪费产能，每个门店的销售业绩也可控。"

由此可见，无论是线上还是线下，瑞幸咖啡在各方面都做到了极致。与此同时，瑞幸咖啡还将数据充分利用起来，实现数据化的运营和管理。这里不得不说，在当下这个新零售时代，企业整合线上与线下无疑是一个极为明智的做法。

（三）突破"第三空间"边界

无论是星巴克，还是其他咖啡品牌，他们开设门店的主要目的就是为用户提供用于社交的"第三空间"。但是，随着移动互联网的不断发展，最重要的社交已经不再发生在门店里，而是转向了手机APP，例如，微信、QQ、微博等。

在这种情况下，瑞幸咖啡通过整合线上与线下，突破"第三空间"边界，进入"无限空间"，为用户营销各种各样的场景。另外，借助移动互联网，瑞幸咖啡改变传统行业模式，做到了咖啡找用户，而非用户找咖啡。

据中国产业研究院提供的数据显示，2017年，中国在线餐饮外卖市场规模达到2070.6亿元，增长率超过25%。因此，瑞幸咖啡为了进一步打通"无限空间"，将自己的外卖业务放到一个非常重要的战略位置。

不仅如此，针对不同场景，瑞幸咖啡还开设了4种不同类型的门店，具体包括旗舰店、悠享店、快取店、外卖厨房。如今，外卖厨房所占的比例在20%左右。未来，这一比例还将有所下降。

（四）存量找增量

存量找增量是进行裂变营销的重点。那么，什么是存量找增量呢？即借助种子用户的力量去发展新用户。一般来说，通过投放广告、试用产品等方式，可以积累一大批种子用户，然后我们再用这些种子用户去吸引新用户。

这里需要注意的是，种子用户基数越大，增加的新用户才会越多。所以，作为存量的种子用户才是裂变成功的"法宝"。当然，如果是影响力足够强大、知名度足够高的品牌，也可以同时两手抓，即一边抓增量，通过发放优惠券吸引更多新用户；另一边抓存量，利用一些活动来留住种子用户。

毋庸置疑，瑞幸咖啡选择的就是两手抓。首先，利用"免费领取一杯咖啡"的优惠诱惑新用户下载APP；其次，通过"邀请朋友买一赠一"的活动留住种子用户。在存量和增量的不断转化中，瑞幸咖啡不仅引爆了整个市场，还让自己成了一个现象级品牌。

（五）重视推广，提升曝光度

如何重视推广，提升曝光度呢？

首先，投放广告。如今，无论是城区的写字楼，还是小区的电梯间，抑或是拥挤的地铁站，都可以看到瑞幸咖啡的广告。

其次，发布新闻稿。通过媒体和大号发布新闻稿，能够让瑞幸咖啡得到最大限度的传播。

最后，也是最重要的一点：制造事件。2018年5月16日，瑞幸咖啡制造了一起比较轰动的事件，即指责星巴克涉嫌垄断，并宣布将对其提起诉讼。此事件一经传播，就获得了非常广泛的关注。作为一个新兴的咖啡品牌，瑞幸咖啡勇于"叫板"咖啡巨头星巴克，确实有助于提升自己的曝光度。与此同时，借着星巴克的东风，瑞幸咖啡的知名度和影响力也与之前大相径庭，有了进一步的提升。

第一章
独角兽的爆裂新打法

总而言之，品牌要想在行业内占有一席之地，获得长远发展，除了做好定位以外，还必须重视整合和裂变的力量。当然，咖啡品牌也不例外，瑞幸咖啡在不断推广和迅速扩张的同时，仍需沉淀自己的文化内涵。

二、Netflix（奈飞）：快速转型成为1600亿美元市值的视频巨头

Netflix（奈飞）成立于1997年，是一家依靠租赁光碟发家的公司。据相关数据显示，截至美国时间2019年2月，Netflix的股价已经超过355美元，市值更是高达1551.29亿美元，如图1-4所示。

图1-4 奈飞公司的股票数据

与此同时，传统媒体巨头迪士尼的市值为1523.3亿美元。这也就意味着，Netflix的市值是高于迪士尼，成了最大的媒体公司。那么，究竟是什么让Netflix取得如此亮眼的成绩呢？我们可以从以下几个方面找到答案，如图1-5所示。

图1-5　Netflix取得如此亮眼成绩的因素

（一）定位：牢牢把握转折点

在定位方面，Netflix可谓一个非常成功的典型案例。从1997年成立到2018年，这20年中，Netflix牢牢把握住3个极为重要的转折点，即新的市场态势。当面临新的市场态势时，Netflix会迅速为自己确定新的定位，并在此基础上对业务进行调整。

1997年，出于对成本和用户体验的考虑，Netflix采取了邮寄包月订阅服务，一步步替代了称霸租赁光碟行业多年的Blockbuster。

2006年，随着互联网的逐渐兴起，Netflix颠覆自己原有的模式，迅速抢占在线视频播放的蓝海市场。

2011年，为了摆脱对版权方的依赖，Netflix决定对上下游进行垂直整合，凭借自己的力量创作高质量的视频内容。

2018年，Netflix开始追求综合实力的提升，宣布将正式进军新闻业务，给美国诸多的媒体公司带来了极大压力。

从表面上看，Netflix进军新闻业务好像非常不符合逻辑，但事实并非如此。因为Netflix的定位一直是流媒体，其每项战略也都以用户为基础。在这种情况下，既然Netflix有丰富的资源和强大的实力，就应该为用户满足更加广泛的需求。与此同时，Netflix也可以从中获取流量来作为回报。

（二）大数据运营

几乎每个月，Netflix都要为来自40多个国家的4800万名会员推送超过10亿小时的电影。而且在美国所有的高峰期下行网络流量当中，Netflix所占据的比例已经超过了33%。如此一来，Netflix就可以获得各种各样的

第一章
独角兽的爆裂新打法

数据，进而实现大数据运营。

在大数据运营的助力下，加上精确的算法模型，Netflix 不仅可以为用户（包括会员和非会员）提供更加良好的观看体验，而且还可以进一步提高流媒体质量。例如，根据用户的偏好进行个性化推荐，Netflix 还为此组织了一场名为"Netflix 大奖赛"的比赛。

另外，大数据也可以在内容交付领域起到一定作用。在很早之前，Netflix 就拥有了一个非常出色的内容交付平台——开放连接，该平台的主要功能是对与 Netflix 达成合作的 ISP 进行有效管理。

ISP 有两种方式可以享受到 Netflix 的服务：一种是通过公共网络交换机直接连接到 Netflix 的服务器；另一种是依靠代理。但无论是哪种方式，都有利于缩短用户与内容之间的网络距离，从而进一步优化使用过程。

（三）创作高质量的视频内容

《纸牌屋》是由 Netflix 创作和宣发的电视剧，一经推出就受到广泛的欢迎和关注。在前期制作准备阶段，Netflix 通过用户收藏、推荐、回放、暂停、搜索等相关数据，预测出凯文·史派西、大卫·芬奇、BBC 出品这 3 种元素结合在一起的电视剧会大火。于是，史派西成了《纸牌屋》的男主角，大卫·芬奇则是第一季的导演。

在宣发阶段，相比传统电视剧"预订→试播→全季预订→周播→续订"的模式，Netflix 采取整季预订、整季上线的全新模式，让用户在上线当天就可以享受连续观看的快感。至此，视频内容也开始成为推动 Netflix 发展的新动力。

《纸牌屋》推出以后大获成功，不仅吸引了一大批忠实用户，还扭转了股价下跌的趋势。所以，Netflix 决定乘胜追击，继续创作内容，并在 2017 年一口气推出了多部热门电视剧。例如，《王冠》《黑镜》《怪奇物语》《无神》《惩罚者》《心理神探》等，进而获得了非常丰厚的盈利。

综上所述，Netflix 创作的内容越多，吸引的用户就越多，获得的盈利也会不断增加。反过来，这也意味着 Netflix 可以为创作内容提供更多的资金支持。

（四）保持用户数量稳定增加

据相关数据显示，2018 年第一季度，Netflix 的营收已经超过 37 亿美元，比 2017 年同期的 26.37 亿美元增长了 40.4%；净利润达到 2.9 亿美元，同比增长 63%。Netflix 没有开设广告业务，仅仅凭借订阅费这唯一的收入就取得如此亮眼的成绩，可见用户对其的支持和喜爱已经达到了非常高的程度。

同样是 2018 年第一季度，Netflix 新增加了 546 万的国际用户，而且全球流播放服务用户数量已经达到了 1.25 亿人次，相比于 2017 年第四季度的 1.17 亿人次，增加了约 800 万人。另外，据华尔街分析师表示，Netflix 国际用户的大幅增长才刚刚开始，未来将更加可观。那么，是什么让 Netflix 吸引这么多的用户呢？

首先是没有广告。如今，我国各大主流视频平台，例如，优酷、爱奇艺、搜狐、腾讯等，都采取"会员免广告"的策略。但实际上，为了获得可观的广告费，这些平台还是会使用"会员可在几秒后关闭广告"或者"视频下方嵌入广告"等形式进行广告播放。Netflix 就不是这样的，不仅不进行广告播放，也不做任何广告植入，而是致力于改善自己的会员制度，争取为广大会员提供最优质的服务，创造最良好的观看体验。

其次是不断创新，时刻关注用户痛点的解决。从成立那天开始，Netflix 就没有停下过创新的脚步，包括前面提到的大数据运营、自己创造内容等。如果没有做到这一点，Netflix 也许早就被淘汰或者取代。对于一个公司来说，创新是最强大的竞争力，因此必须在不断创新以后再创新。

从一个名不见经传的小租赁商店，发展成一个最大的媒体公司，这其中肯定有许多值得挖掘和学习的地方。与其他媒体公司相比，Netflix 不仅多了几分勇气，也多了一些果断。面对各种各样严峻的挑战，Netflix 并没有轻言放弃，而是敢于冒险、不断前行，最终探索出一条非常可行的道路。

从本质上来讲，商业模式设计就是一个寻找并满足用户需求的过程，虽然不是特别复杂，但也不能一成不变。而事实也证明，随着市场和发展趋势的不断变化，商业模式也要进行调整。Netflix 开创了一种以"会员计费"为核心的商业模式，这种商业模式不仅成为我国各大主流视频平台争相模仿的对象，更颠覆了整个媒体行业。

第二章
02 来自"独角兽"的启示——快速创造规模化客户的爆裂能力

"寻找客户"与"创造客户"虽然只有两个字的差别,但带来的结果却截然不同。前者预设客户已经存在,而后者则需要重新定义,进而培养出新的客户群体。

QQ刚走向市场的时候,手机还没有像现在这么普及,电脑也非常少见,交流方式正在从书信向电话转变,所以并不存在对即时通信怀有巨大需求的客户群体。但是,QQ一经推出,立刻获得了广泛关注,并创造出一大批以"80后"为主的客户。除此之外,QQ也促进了交流方式的改变,让整个中国的社交变得焕然一新。由此来看,要想成为独角兽,只留住现有客户是远远不够的。因为如果无法创造新客户的话,很可能连现有客户也难以留住,进而走向失败。

一、"独角兽"的本质——快速创造规模化客户的能力

对于任何品牌来说,核心目标都应该是"创造客户",而品牌要是拥有了创造规模化客户的能力,那就很可能会进一步升级,一举成为"独角兽"。同样的,在裂变增长的过程中,创造规模化客户也是一个非常重要的环节,这一环节需要从以下5个方面着手,如图2-1所示。

图 2-1 创造规模化用户的 5 个方面

（一）进一步拓展品类

在拓展品类之前，要先对品类进行细分，这项工作有赖于产品经理的"嗅觉"，需要通过大数据精准预测发展趋势。当找到品类特点，确定客户共性以后，不仅可以开发更多的传播途径，还可以创造新的品类。

2013 年，网易云音乐根据客户喜好预测出一个新的发展趋势——电音内容。当时，国内大多数音乐平台都把重心放在民谣、摇滚等内容上，根本没有关注电音内容。于是，网易云音乐迅速抓住这一市场空白，专心做游戏音乐，并把游戏玩家定为目标客户。如果我们在百度上以"网易云音乐 电音内容"为关键词进行搜索的话，也可以出现好多与之相关的文章，如图 2-2 所示。

图 2-2 百度上与"网易云音乐 电音内容"相关的文章

第二章
来自"独角兽"的启示——快速创造规模化客户的爆裂能力

另外,为了开发传播途径,网易云音乐斥巨资为客户营造电音的氛围。首先,邀请百大 DJ 入驻;其次,通过单曲引爆吸引用户。至此,越来越多的游戏玩家成为网易云音乐的忠实客户,同时也让电音内容得到了更好的发展。

(二)关注社交的重要性

普通客户之间的社交是 C2C,KOL 与粉丝之间的社交是 B2C。所以,了解自己产品的社交关系是一件非常重要的事情。除此之外,要想创造规模化客户,社交也是一个非常关键的因素,一定不可以忽略。

首先,通过明显兴趣点为客户分层。这种分层不是基于客户的喜好、偏爱,而是基于年龄、地域、性别等天然形成且难以更改的因素。

其次,通过大数据为客户做个性化推荐,以此来激发客户的归属感和共鸣。

最后,制造更多的话题,并对话题的颗粒度进行细化。也就是说,在最开始的时候,我们可以用较粗的话题吸引一批分层的客户群体,一旦这一群体扩大到一定数量并达到"瓶颈"时,就要细化话题,进而实现精细化运营,达到裂变的目的。

(三)提升客户的参与感

在纷繁复杂的营销中,参与感似乎显得越来越重要。之所以会出现这样的现象,主要是因为参与感不仅可以增强客户的感知控制,还可以使心理性价值得到进一步提升。众所周知,小米的定位是"走群众路线",始终致力于将客户的参与感提升到极致。

在做 MIUI 的初期阶段,小米创始人雷军曾表示要在不花钱的情况下,让 MIUI 的客户达到 100 万人。于是,联合创始人黎万强就利用论坛来为 MIUI 做口碑、找客户,最终挑选出 100 位非常忠实的"发烧友"。这些"发烧友"不仅可以亲自参与 MIUI 的设计和研发工作,而且还拥有一个非常有特色的名字——"100 个梦想的赞助商"。

不仅如此,雷军每天都会拿出一部分时间,去浏览并回复微博上的评论,如图 2-3 所示。当然,不只是雷军,他们的工程师每天也要回复大量的帖子。

为了让客户有被重视的感觉，小米还特意给每个回复都设置了状态，这个状态可以展示出客户对意见的接受程度，以及回复帖子工程师的ID。

图 2-3　雷军回复微博上的评论

到了发展的中期阶段，小米还不断加强与客户的联系，希望可以和他们成为朋友。如果出现客户投诉的情况，小米客服可以视情况自行做主，给客户送上一些小礼物，例如，钢化膜、手机配件等。另外，小米还赋予客户一项特殊的权力，那就是让其中一部分客户组成"荣誉开发组"，对还没有正式发布的产品进行试用。这种做法不仅有利于激发客户的满足感和荣誉感，还有利于提升客户的参与感和积极性。

（四）通过"心智预售"吸引客户

从本质上来讲，品牌是因客户而存在的，其经营成果的最终表现是实现客户的价值。在最初阶段，品牌的产品和理念并没有太大的影响力，无法对消费决策产生干扰。这时，品牌最应该做的就是找到客户所在的时间和地点，想尽一切办法在恰当的时间、合适的地点，出现在客户的视野里，激发客户的消费行为。

第二章
来自"独角兽"的启示——快速创造规模化客户的爆裂能力

不过,必须承认的是,如果没有形成品牌的产品出现在客户的视野里,不能够让客户产生深刻了解的话,其消费行为依然是随机的,毫无规律可循。举一个比较简单的例子,你去超市购买橘子,因为现在绝大多数橘子都没有形成品牌,所以在购买之前,你会先观察一下现场有哪些种类的橘子,然后对每个种类进行挑选,最终选择一个最好的品种来付款。

从表面上看,你所购买的橘子已经经过精挑细选,不存在任何随机性。但其实在你心里,并没有一个必须要购买的品牌,也没有固定的喜好、偏爱,你只是根据当时的环境和自己的心情来进行购买,这一消费行为依然是随机的。然而,如果你在去超市之前,就已经考虑好要购买哪个品牌的橘子,这才算得上是真正意义上的不随机。

品牌一旦形成就可以发挥很多作用,其中最关键的一个就是引导客户的选择,实现"心智预售"。具体而言,客户在没有看到产品之前,就已经决定好要购买的品牌。例如,在看到洗发露之前,就决定好要购买海飞丝或者潘婷这两个品牌。

像这种还没有真正付款就已经做好了消费决策的客户,这就相当于预售,只不过这个预售更多的体现在心智上。可以说,"独角兽"之所以会成为"独角兽",就是因为借助品牌的力量,实现了"心智预售",进而创造出规模化客户。

前面说过,品牌经营成果的最终表现是实现客户的价值,这里所说的客户一共包括两类:一类是已经付款购买产品的实际客户;另一类是没有付款,但心智上已经"购买"产品的潜在客户。一般来说,当客户一听到某个产品,就想起对应的品牌,那这个品牌就具备了一定的不可替代性,其价值才容易以最小的成本实现。

(五)在客户间形成价值认同

随着消费的不断升级,客户对产品的需求正在从物理层面转向情感层面,因此,品牌有必要在客户间形成价值认同。星巴克为什么能在激烈的市场竞争环境中保持自己的优势并实现利润增长,这来自于客户对它的价值认同。

星巴克董事长舒尔茨说:"星巴克卖的不是咖啡,而是服务和体验。"

这句话从侧面反映了星巴克从一个普通咖啡店变成一个文化象征的重要原因。在当下这个快节奏的时代，人们需要一个非正式的公开场所，把工作和家庭的忧虑暂时放到一边，放松下来聊聊天。

而星巴克从空间布局设计，到引导客户，再到杯型的命名，始终围绕"社交"元素，致力于营造一种"我存在"的氛围。实际上，星巴克的咖啡并没有特别高的绝对价值，但是它象征着精致，浓缩了大都市中上阶层的生活方式。

事实上，价值认同的最高境界就是唤起客户所支持甚至热衷的价值观和信仰。虽然只有短短的四个字，但不得不说，价值认同贯穿了品牌战略、品牌定位、核心价值观、内容建设、企业领导以及品牌推广中的许多方面和环节。

对于品牌来说，客户是一个必不可少的效益中心，甚至可以这样说，一个品牌的价值高低不在于有多广泛的关注度、多大的影响力，而是在于能吸引多少客户。要知道，客户构成了品牌生存和发展的根基。

二、营销管理——一个复杂的创造客户使能的过程

"使能"即"enable"，前缀"en"是"使"，"able"是"能够"，结合在一起就是一个动态的过程——以一定资源投入，创造能激发客户与品牌互动的场景，从而让两者关系从弱到强，弱关系刺激认知，强关系激发转化。通常情况下，一个品牌向客户使能的基本逻辑是，让客户实现从认知到购买的转化，这个转化在营销学里可以用"倒三角认知——行动模型"来表示，如图2-4所示。

图2-4 "倒三角认知——行动模型"

在"倒三角认知——行动模型"中，上方代表营销所触达的目标客户，

第二章
来自"独角兽"的启示——快速创造规模化客户的爆裂能力

底部则代表已经实现了转化的有效客户。二者相比有一个转化率,这个转化率越高,营销的效率就越高。举几个比较常遇到的品牌获取客户的场景。

场景一:某办公楼下,一个以汽车内饰清洗为主营业务的品牌在做推广,希望可以获取大量新客户。只要关注他们的微信服务号,并填写自己的资料,就可以得到一瓶价值73元的汽车清洗剂。

场景二:马路边,一个专门提供代客泊车服务的品牌,针对过往行人推出了优惠活动:只要关注他们的微信服务号,就可以领取一瓶可口可乐。

场景三:小区停车场出口车辆拐弯减速处,车主开车出来,穿着红牛工作服的工作人员会为他们派发一罐瓶身上印了"赠品"二字的红牛饮料,而且无须关注微信服务号。

上面三个场景看起来非常相似,但实际上并非如此。如果从影响客户认知行为的角度来进行评估,场景一、场景二与场景三之间有着非常大的区别,具体如表2-1所示。

表2-1 场景一、场景二与场景三之间的区别

	场 景 一	场 景 二	场 景 三
定位	汽车内饰清洗	代客泊车服务	针对疲劳人士的提神功能饮料
人群	办公楼里面的白领(与目标客户部分吻合,但不完全精准)	行人(与目标客户小概率吻合,不精准)	小区里面的车主(与目标客户高度吻合)
基准	新品牌,客户没有认知基础	新品牌,客户没有认知基础	知名品牌,客户有认知基础
目标	获取新客户	获取新客户	强化体验,增加曝光度
成本	多瓶价值73元的汽车清洗剂(与主营业务有关联)	多瓶可口可乐(与服务没有关联)	原厂生产的红牛饮料(直接赠送产品)

通过表2-1可知,场景一、场景二是新品牌,在目标客户吻合度、推广性价比等方面都有待提高。更关键的是,场景一、场景二缺乏客户认知基础,而场景三的红牛已经属于知名品牌,拥有非常牢固的客户认知基础,其目标更多的是强化体验,增加曝光度。

实际上,在缺乏客户认知基础的情况下,场景一、场景二通过"简单粗暴"的贴现机制来获取新客户,至少会带来以下3点隐患。

（1）很难形成认知偏好。即使人们在赠品的诱惑下关注了微信服务号，但对于品牌的了解还是非常浅显的，基本上很难形成认知偏好。

（2）无法对品牌忠诚。在没有认知偏好的前提下，无论是关注微信服务号，还是填写资料，目的只有一个，那就是拿到赠品。这样的做法根本无法赢得人们的忠诚，即使其中的一部分真的成了客户，也非常容易流失。

（3）获取客户的成本倍增。第一次没能顺利获取客户，成本会遭到损失。要想再获取的话，不得不投入更多的成本。

事实上，之所以会出现上述3点隐患，主要就是因为场景一、场景二的品牌忽略了"倒三角认知——行动模型"中的认知。然而，针对B2C[①]品牌，一些消费心理学家提出了一个比"倒三角认知——行动模型"更加完整的"AIDA模型"，如图2-5所示。

图2-5 "AIDA模型"

在"AIDA模型"中，B2C品牌向客户使能的第一个步骤是引起注意（Awareness），然后依次是激发兴趣（Interest）、刺激欲望（Desire）、促进行动（Action）。不难看出，前三个步骤描述的都是客户心理上的认知转化，它虽然可以帮助B2C品牌理解客户心理的变动轨迹，但对指导营销管理并没有太大的实际意义。

而作为B2C品牌的"孪生兄弟"，B2B品牌具有一些比较明显的特征，例如，产品复杂、购买决策链条长、客单价高，等等，因此，B2B品牌的产品并不适合使用"AIDA模型"。在这种情况下，更加复杂的"DLTBAA模型"横空出世，如图2-6所示。

---

① B2C（Business-to-Customer，B2C），中文简称"商对客"。"商对客"是电子商务的一种模式，也就是通常所说的直接面向消费者销售产品和服务商业零售模式。

第二章
来自"独角兽"的启示——快速创造规模化客户的爆裂能力

图 2-6 "DLTBAA 模型"

如果仔细分析的话，会发现 B2C 品牌与 B2B[①] 品牌的两个模型有比较大的区别，主要体现在以下两个方面。

（1）在 B2B 品牌的营销中，从"发现"到"购买"，中间是"学习"与"试用"两个关键节点，这是由 B2B 品牌的复杂产品属性所决定的。

（2）在购买之后，"DLTBAA 模型"强调客户"使用"的真实体验，并认为"推荐"也是一个必须要考虑的关键节点。

IBM 非常推崇"DLTBAA 模型"，但对于一些有互联网基因的品牌来说，这一模型并非最佳，完全可以进一步优化。不可否认，现在已经进入移动互联营销时代，每一个品牌都需要全新的模型。

对于客户与品牌之间关系的改变，移动互联网有着革命性的意义。具体来说，随着移动社交媒体的出现，客户与品牌第一次可以通过"关注"形成真正意义上的闭合。当然，在早之前，基于数据库，通过广告、邮件、短信、活动等方式，客户与品牌虽然也形成过闭合，但这种闭合是支离的，并不完整的。

然而，移动社交媒体的"关注"则让支离的闭合变成真正意义上的闭合。可以说，基于移动社交媒体的客户与品牌的闭合，在"关注"的助力下，有了物理上的落脚点。所以，"关注"将会成为营销中的关键节点，由此形成的模型就是"AFBS 模型"，如图 2-7 所示。

---

① B2B（Business-to-Business，B2B），是指企业与企业之间通过专用网络或 Internet，进行数据信息的交换、传递，开展交易活动的商业模式。

图 2-7 "AFBS 模型"

由图 2-7 可知,在"关注"之前,还有一个非常关键的步骤——认知。对客户来说,通过积累认知基础,形成对该品牌强烈而清晰的认知偏好;对品牌来说,通过对信息进行设计和优化,转变或"扭曲"客户的认知基础,进而使其形成认知偏好。

事实上,按照营销大师阿尔·里斯的观点,新品牌往往会对既有的原品类进行重新定义,从而创造一种新品类。所以,新品牌不应该选择"火箭爆发式"的方式启动,而是应该像飞机一样,经过一段滑行之后再缓慢起飞。

作为一款功能性饮料,红牛用了4年的时间让年销售量提高了1000万元,又用了5年的时间提高到1亿元,截至2018年已经高达200亿元。

同样地,微软用了10年的时间,让年销售额超过1亿元,又用了15年的时间把1亿元变成了200多亿元。第一台真正意义上的商用平板电脑是1989年由一家名为GRID的公司制造的,13年以后的2002年,微软推出了较为流行的Tablet PC。又过了8年,苹果在2010年重新定义了平板电脑,创造了iPad。

结合"AFBS模型",再回过头去看前面提到的场景一、场景二,便可以发现,这两个场景中的品牌希望用"火箭爆发式"的启动迅速向客户使能,却没有意识到,对客户认知的建立其实是一个飞机滑行起飞的过程。

毋庸置疑,贴现机制可以对客户的行为进行短期激励,但如果客户对品牌的认知基础非常脆弱,即使获取了客户,流失率也会特别高。从营销的角度来评估,这就是典型的欲速则不达。因此,品牌还是要从客户的认知基础着手,进行营销工作的开展。

三、营销进化——创造客户的效率进化史

营销效率可以理解成一个函数,在这个函数中,至少包括 3 大部分:识别有效客户效率、作用于客户心智的认知效率与转化效率和传播扩散效率。当然,营销效率也可以用公式来表示,即营销效率 = 识别效率 + 认知效率 + 转化效率 + 扩散效率。从根本上来讲,营销进化就是创造客户的效率进化史,可以细分为以下 3 个时代,如图 2-8 所示。

图 2-8　营销进化的 3 个时代

(一)大卫·奥格威"品牌形象"时代

在大卫·奥格威"品牌形象"时代,客户不是因为产品本身才会出现购买行为,而是因为他们把产品与某种特殊的形象联系在一起。因此,对于品牌形象,大卫·奥格威解释道:"要给每个广告一种与之相称的风格,创造出其正常的个性特色,这才是最伟大成功的奥秘所在。"可以说,这个时代的本质是"认知效率"的不断提升。

(二)里斯与特劳特"定位"时代

在里斯与特劳特共同创作的图书《定位》中,心智是营销的终极战场被第一次深刻的揭示。这个时代的本质依然是"认知效率"的不断提升,即如何通过一个关键的概念,迅速抢占客户的心智,并在其中建立一个与品牌的联想。要想抢占客户的心智,成为第一是最佳途径。如果没能成为第一的话,就要知道哪个品牌第一个进入了客户的心智,然后针对这个品牌为自己确立一个合适的定位。

（三）数字营销时代

数字营销时代基本可以理解成是识别效率和扩散效率的大幅度提升的时代。在之前，报纸、杂志、户外广告是主要的营销媒介，其主要作用是"广而告知"；当互联网兴起以后，通过网站、数字广告投放、落地页、网盟、SEO、SEM等渠道，与品牌相关的各种信息都可以被更加精准的主动检索；随着移动互联网的不断发展，信息流主导的"千人千面"广告逐渐出现，品牌可以在APP、小程序、朋友圈等营销阵地智能地推送自己的广告。

2017年，百雀羚把握住数字营销的方式，让一篇以20世纪30年代上海美女特工为主角的长文案刷爆了朋友圈。一方面，文案大幅度地提升了百雀羚的知名度与社会认可度；另一方面，它也为百雀羚吸引了一大批新客户。

凭借着设计人员的强大脑洞和创新精神，百雀羚长文案可谓获得了巨大成功，其中囊括了多种元素、多种场景。例如，1931年的上海滩、身穿绿色旗袍的美女特工、旧上海的各类风情等，如图2-9所示。

图2-9　百雀羚长文案（部分内容）

百雀羚长文案从2017年5月7日起开始正式投放，是一次专门为母亲节设计的营销活动，一直到3天以后的2017年5月10日，该长文案依然在朋友圈刷屏。据相关数据显示，截至2017年5月11日中午12点，百雀羚

第二章
来自"独角兽"的启示——快速创造规模化客户的爆裂能力

长文案已经获得了将近600万次的阅读量,与其相关的"10万+"阅读量的文章也出现了10多篇,各种各样的有关百雀羚的互联网软文更是超过2400篇。那么,为什么百雀羚的营销可以获得如此巨大的成功呢?

首先,百雀羚长文案借助复古元素展现了东方美。怀旧是很多人都会有的一种心理情结,当积极的怀旧情结成为群体性心理时,"怀旧营销"也就存在巨大的商业价值。百雀羚长文案主打怀旧,不仅符合百雀羚百年品牌的形象,而且也有利于占领年轻客户的心智。

其次,百雀羚长文案中有很多充满创意的感性文字,不仅可以让客户有愉悦、自由、轻松的感觉,而且还可以深化百雀羚在客户心中的良好印象。此次营销活动,百雀羚本着"以花酿呵护肌肤,以文艺滋养心灵"的情感基调,输出了文艺款款的高质量内容,这对女性粉丝来说就像是一场心灵上的盛宴,可以为读者引发广泛的共鸣与无限的联想。

再次,百雀羚长文案通过文艺的方式与客户建立情感沟通。在百雀羚的品牌调性中,"文艺"贯穿始终,所以该长文案将海派文化、摩登时尚、清新文艺相融合,将女子与花草植物相融合,不仅优化了整个画风,还打造出在复古中不失现代性的时尚韵味。

又次,为了留住那些年龄比较大的忠实客户,百雀羚一般会选用简单朴素的包装,但年轻客户喜欢新奇,希望达到一种"我们不一样"的效果。为了平衡两类客户的需求,百雀羚通过文艺风格将形式的复古与语言的潮流相融合,最终达到了非常出色的强吸引效果。

最后,线上线下一齐发力。通过线上输出高质量内容,线下全面接入市场,百雀羚实现了线上线下的高度配合。在线上方面,百雀羚推送深受粉丝喜爱的长文案,实现了高质量内容的输出;在线下方面,百雀羚与屈臣氏达成合作,全面接入市场,希望可以大幅度提升曝光度,强化年轻粉丝对品牌的认知。

由上述百雀羚的案例可以看出,在数字营销时代,营销阵地的选择和高质量内容的输出是最重要的两个环节。与此同时,还要重视线下的作用,实现线上线下的高度配合。这样不仅可以为品牌吸引更多客户,还可以进一步提升品牌的知名度和影响力。

从总体上来看,随着营销的不断进化,客户与产品连接的效率变得越来越高。高效率的连接意味着高效率的识别、转化和扩散。在媒体阶段,客户与品牌连接的时间是客户主动阅读的数十分钟;在互联网阶段,"关注"出现,当客户坐在办公室打开电脑时,与品牌的连接至少 8 小时;在移动互联网阶段,手机已经成为客户的器官延伸,除了睡觉的 8 个小时,客户与品牌的连接超过了 16 个小时。可以想象,在 AI 阶段真正到来以后,客户几乎是 24 小时都会和品牌连接在一起,如图 2-10 所示。

图 2-10　各个阶段,客户与品牌连接的时间

未来,无论客户是在工作、娱乐,还是睡眠,品牌都可以进行数据采集,采集的这些数据可以帮助品牌一步步完善客户的画像。到了那个时候,品牌会对客户有更加深层次的了解,并在此基础上定向投放更加精准的广告,从而推动转化效率走向极致。可见,阶段的变化,不仅拉长了客户与品牌连接的时间,还大幅度地提升了创造客户的效率。

"品牌形象"时代和"定位"时代,本质上都是在营销方法论上探索如何提升认知效率。而互联网,尤其是移动互联网的出现,不仅带动了数字营销与社交媒体的变革,更促进了识别效率、扩散效率、转化效率的提升。总而言之,营销进化基本上就是一个不断追求效率的过程,而且不仅仅过去和现在是,将来也会是。

四、为什么你没有成为独角兽?——本质是"全局营销效率差"

在很多时候,营销过程就像一台输入原料,输出产能的机器。一旦机器启动,唯一目标就是获客增长,如图 2-11 所示。对于"机器",维基百科给出了这样的解释:一种利用能量为达到特定目的,负责执行任务的设备。

第二章
来自"独角兽"的启示——快速创造规模化客户的爆裂能力

图 2-11　一台输入原料，输出产能的机器

如果将上述定义对应到营销上，我们可以做这样的理解：机器利用能量是在做"功"，即单位时间内，或者单位资源，完成的工作量，这里的"功"必然指向"效率"；而营销是通过金钱的投入，产生一个个具体的创意广告、内容运营、公关活动……这些成果作为场景入口，再来产生流量、激活、留存、转化……就如同机器做"功"一样，也应该指向"效率"。

从机器的角度来看，单位时间内或者单位资源内完成的工作量越多，效率越高。对应到营销上，使用越少的资源、越短的时间，实现了越多的获客转化，营销效率就越高。实际上，一个品牌之所以没有成为"独角兽"，本质上就是因为营销效率没有达标。

一个完美的营销过程应该进化成一台完美的"机器"——梦幻的营销团队如同操作机器的工人；不同的营销职能就像不同的机器构件一样。无论是营销团队，还是营销职能，都可以为营销提供资源能量，推动不同板块的耦合。双方之间完美的协同，可以产生营销的"功"，使客户不断转化，而且转化越多，营销效率就越高。

在实际的营销当中，具体的营销过程繁多而复杂，可能是一场又一场的线下活动、也可能是一次又一次的线上广告投放、又可能是一个又一个的在社交平台上的裂变刷屏……这些营销过程都有独立而多样的指标，例如，超过10万的阅读数量、CPM、CPC、关注人数、下载数量等。但无论如何，当这架"营销机器"正式发动的时候，获客转化作为唯一一个并且重要的指标，绝对不可以被忽视。该指标应该像北极星一样在夜空中永恒闪耀，发挥持续提醒的作用。

通常情况下，一些以促进销售为目标的营销活动可以紧紧围绕"获客转化"展开。但是，还有一些品牌导向的投入，似乎很难看到与获客转化有直接关系。即使如此，我们还是可以用获客转化来对其进行思考和衡量。这个时候，广告的创作角度就会发生变化，相比没有从这个角度创作的广告，获客转化自然会有很大的不同。

例如，王老吉有一个家喻户晓的广告——怕上火，喝王老吉。这个广告就勾画出消费的场景——上火，激发了客户的恐惧情绪——怕，最后再与品牌直接关联——喝王老吉。从场景、情绪、品牌着手，实现了"三位一体"的效果。

这个象征着"品牌形象"的广告成为具有导流价值的入口，获客转化和获客效率都非常高。"渴了累了喝红牛""小饿小困，来点香飘飘"也是一样的原理。而有的广告，例如，"鹤舞白沙，我心飞翔"，既没有场景，也没有情绪，品牌与客户之间无法进行有效的互动，导致获客效率很难高起来。

营销所做的"功"，既可以体现在空间维度，也可以体现在时间维度。空间维度非常好理解，就是制造一些营销事件，而时间维度则很容易被忽略。例如，新品牌的做"功"与成熟品牌就非常不同。因为一般情况下，新品牌资源约束强，如何低成本获客成为关键命题，其实是对获客效率提出了更高的要求。

不同行业有不同的营销周期，以从获客到回款来说，互联网行业通常需要12个月，房地产行业2～3年，制造行业一般120天。当然，这也需要我们从时间维度判断产业周期、品牌成长周期、销售周期等方面差异。

另外，从策略性配置资源的角度来看，是阶段性重点资源投入做局部压倒性优势，还是细水长流以时间换空间，所采取的打法都有很大不同。可以说，做"功"非常重要，但什么时候"做功"其实更加重要。

现在，社交媒体的地位已经越来越突出，内容营销也随之崛起，并对营销环境产生了非常深刻的影响。于是，很多品牌根本不考虑自己的特性和所处行业，而片面地追求"10万+"的阅读量。但如果从营销效率的角度来看，即使是一篇阅读量"10万+"的内容营销，也仅仅是局部的节点性胜利，而真正决定营销成败的，其实是全局营销效率差。

那么，究竟是什么导致全局营销效率差呢？其实前面已经说过，营销就

第二章
来自"独角兽"的启示——快速创造规模化客户的爆裂能力

像是一台多部件运行的复杂"机器",不仅涉及能够洞察客户特征的脑科学、认知科学、社会心理学、行为学、命名学、信息设计科学,也涉及深入触达客户的媒介形态、线上线下渠道、色彩视觉形象、搜索引擎、社交链路以及随着技术与营销深度融合而来的SalesTech、MarTech、数据、增长黑客等。

上述这些部件,有的可以帮助品牌对客户进行识别,有的仅仅会影响客户的认知,有的能作用于客户的行为与购买转化,还有的则是激励客户的传播与扩散。每一个部件都相对独立又相互联系,小部件构成部件系统,部件系统耦合成整体营销的"机器"。

所以,在很多时候,营销效率的整体提升其实取决于不同部件系统之间的协同工作与精妙配合,这可以理解成"全局营销效率"。而不同营销团队操作"机器"的水平不同,就会出现功差,功差导致效率差,最后输出表现自然也不同。

营销操盘手是一个优秀的操作大师,他需要做很多事情,例如,配置资源、精心设计、思考先动哪个、再动哪个、什么时候开始动、什么时候不再动等。对他来说,转化效率是衡量一切营销行为的终极目标,同时也是运营的导向。

在早以前,观察营销的视角都落在"方法"上。例如,古典营销会讲心智、定位、品类、品牌形象、STP等;新派互联网营销会讲流量、入口、留存、激活、裂变等。现在我们已经进入了一个全新的时代,需要对这些旧理念进行重新的思考与理解,深入探索"获客效率"导向下的营销"机器"所扮演的角色与发挥的作用。

高科技营销之父杰弗里·摩尔在其著作《跨越鸿沟》中写道"任何一项营销计划都必须依赖一些持续发生的连锁反应",而这种持续发生的连锁反应,其实就是一台像飞轮一样转动的营销"机器"。只要我们投入资源,这台"机器"就会持续做"功",然后预想自己会发生的那一系列连锁反应,从而以卓尔不群的效率,去实现获客转化。

营销虽然是一场看不见硝烟的"战争",但营销资源的投入,每天都在发生。不同的人,运作不同的品牌,就制造着不同的全局营销效率。这样的不同,会让品牌的悲喜故事每天都在上演,有些会在激烈的"战争"中闪耀出异常迷人的光彩,但大多数会像灭霸响指弹起一样,灰飞烟灭,不留一丝痕迹。

第二部分

全局爆裂营销——从认知、转化到增长,快速创造规模化用户

第三章 好产品是爆裂的引子

在当下这个互联网高度发达的时代,产品的重要性已经是不言而喻的,而对于专攻产品的品牌来说,必须恪守一个原则——要么做第一,要么做唯一,绝不做之一。可以说,"产品为王"已经成了一个准则。好产品,不需要过多地宣传和推广,也可以吸引到一大批用户。当然,如果渠道过硬的话,即使产品质量有待提高,也可以取得不错的成绩。

要是产品、渠道、用户都可圈可点的话,就相当于有了"3份保险",这样更容易使品牌走向成功。以小米为例,该品牌始终坚持高性价比的路线,通过多种渠道完成销售任务,已经打造出多个爆款产品,成功俘获了用户的芳心。

一、营销原型 3 要素

营销经历了很多个时代,也延伸出了各种各样的方式,例如,服务营销、体验营销、情感营销、差异化营销等。但无论如何,营销原型 3 要素始终都不会改变。那么,这 3 要素到底包括什么呢?具体如图 3-1 所示。

图 3-1 营销原型 3 要素

第三章
好产品是爆裂的引子

（一）产品（核心）

在营销原型3要素中，产品无疑是一个最为重要的核心。一般来说，从想法到成型，一个产品至少要经历4个步骤，这与达·芬奇画人像有异曲同工之妙。因为达·芬奇在画人像的时候，会遵循轮廓→骨骼→皮肤→成型的步骤。如果对应到做产品上，轮廓就相当于场景、骨骼相当于需求、皮肤相当于开发、成型相当于优化。

首先来说场景。在做产品之前，必须要想象出自己用户的场景，然后将其"画"出来，绝对不要认为，你的产品适用于每一个用户。要知道，在互联网格局下，只有强化场景，切入到一个其他产品难以触及的领域，才会有生存的可能性。而且你把场景想的越清楚，产品的轮廓就越清晰，也就越能吸引用户。

其次说需求。做产品有一个关键点，那就是拥有一双火眼金睛，看到事物的本质，不流于表面，做到实事求是，逻辑严谨。假设你要解决场景的需求，就应该认认真真地打草稿，把要消除的痛点写下来，然后再将这些痛点变成切切实实的功能。因为一个好的产品，一定要具有核心竞争力，所以做产品的时候一定要考虑好，支撑自己消除痛点的核心竞争力是什么？

再次说开发。一般而言，能够顺利完成前两个步骤已经非常不容易，到了开发这一步骤，多多少少都会存在些问题。所以，从经验上看，在细节上花费时间已经没有必要了，毕竟为了一个功能应该放在哪里而探讨大半天并不是一件特别有意义的事情。我们应该做的是把开发日程全部排满，先不要让工程师和产品经理有太多"交锋"的机会，用心先把产品做出来再去调整细节。

最后说优化，优化是产品成型之后要做的事情。在进行优化的时候，最常用的方法是，找几个没有参与产品开发的员工试用一下，然后在收集他们意见的基础上对产品进行调整与再试用。

从场景出发，找到需求，进行开发，实现优化，按照这样的步骤做产品，不仅出错率非常低，而且产品的质量也更加有保障。毋庸置疑，高质量产品可以激发用户的购买（使用）欲望，也有利于品牌的拉新和留存。

（二）渠道（手段）

渠道是触达并且转化用户采用的各种手段，同时也是发力最多的一个要素。对于品牌来说，找到一个合适的渠道至关重要。虽然随着社会的不断进步，营销的渠道已经越来越多，但从经验上看，最靠谱的一共有两大类：一类是新媒体，包括微博、微信、视频节目等；还有一类是传统媒体，包括电视、杂志、报纸、传单等。

现在，无论是新品牌还是成熟品牌，所处的领域都非常垂直，想要利用社交媒体或者公关手段去影响自己垂直领域的这部分用户非常困难，即使是营销高手也不一定能轻易做到。在这种情况下，传统媒体中的传单就成了一个非常值得关注的重点。

对于许多垂直领域的品牌来说，传单是最能触达用户，也最好控制成本的一个渠道。但这一渠道也并没有想象中那么容易把握。通常情况下，传单主要可以分为两个部分：发给谁？如何发？

首先，发传单之前，要考虑一下目标用户可能会出现在哪些地方？假设你做的是社区蔬果电商，单价又不是很高，就可以发给各个社区的普通居民；如果你做的是云服务器，就可以发给各大初创孵化区的创业者。

另外，传单如何发，由谁来发，也是一个很大的学问。如果让临时工发，扩张速度虽然快，但质量不见得能得到保证，所以需要派专人检查；如果是团队一起发，扩张速度会比较慢，不过可以亲身感受目标用户的反馈，顺便还能增加团队的凝聚力。

当然，也可以增加一些新的花样，找一些人扮成蜘蛛侠、绿巨人、哈利波特、花仙子等，然后拍照片，发新闻，上版面，做事件营销，示例如图3-2所示。

所以，如果是垂直O2O[①]类型的新品牌，对用户要求高，预算又不够，那么努力发传单，也不失为一种很好的营销手段。

---

① O2O（Online To Offline，O2O）简称"线上到线下"，指将线下的商务机会与互联网结合，让互联网成为线下交易的平台。

第三章
好产品是爆裂的引子

图 3-2　发传单的"蜘蛛侠"和"孙悟空"

传统媒体的营销效果虽然比较不错，但影响力有限也是一个不可否认的事实。从这个角度来看，那些已经做了传统媒体营销的品牌，还应该再利用新媒体扩散一次，将自己的信用背书推广出去。在新媒体中，无论是微博还是微信，内容质量一定要有保障，否则营销效果就会大打折扣。

（三）用户（对象）

用户是营销的对象，应该引起高度重视。对于想要成为"独角兽"的品牌来说，抢占用户心智是一件必须要做的事情。在这之前，首先要掌握用户心智的 5 大特点，具体如下。

（1）用户所能接受的信息是有限的。在当下这个信息大爆炸的时代，用户往往只能，或者只愿意接受自己比较感兴趣的信息。因此，企业需要对自己的产品进行定位，并且必须成为这个定位中的佼佼者。

（2）用户喜欢简单。用户每天要接触大量的信息，对于他们来说，精练明了的内容才更有吸引力。因此，品牌在进行宣传的时候，必须要做到突出核心优势，展现最优亮点。

（3）用户缺乏安全感。据相关资料显示，因为用户在购买产品的时候会面临诸多风险，并且极度缺乏安全感，所以，其中的绝大多数更愿意选择其他用户购买过且好评的产品。

（4）用户难以改变对品牌的印象。通常情况下，用户对一个品牌的印象会非常深刻，不会轻易改变。所以，当这个品牌进入了一个新的领域时，推出的产品不会让用户产生太强烈的购买欲望。

（5）用户容易失去焦点。当某个领域涌入太多品牌，或者某个品牌进入太多领域，都会让用户对原有的品牌形象产生一种模糊的感觉。

所谓"知己知彼，百战不殆"，了解用户心智的5大特点之后，就更容易抓住用户的"弱点"，进而使营销更加得心应手。

众所周知，生活用纸的同质化程度非常高，使用户很容易失去焦点，不知道应该购买哪一个品牌。为了解决这一问题，维达希望可以打造出一个差异化"卖点"，从而让广大用户牢牢记住自己。

于是，经过长时间的研究和探索，维达从产品和技术优势中提炼出"韧"元素，这样不只打破了生活用纸的同质化樊篱，也直接紧扣用户需求的"痛点"。而且在之后的营销当中，"韧"也成为维达重点突出的一个元素，如图3-3所示。

图3-3 维达营销广告图

通过"韧"元素，维达迅速抢占了用户心智，与心相印、清风、五月花等竞争者形成了区隔，实现了真正意义上的差异化。此外，维达还开设了快闪体验店，为消费者提供"韧"的高品质生活用纸场景。

目前，除了同质化程度越来越高以外，个性化消费也让营销场景发生了变革。在这种情况下，品牌如果无法抢占用户心智，进行精准营销，就很可能会被时代抛弃，最终落个失败的结果。

可见，对于品牌来说，产品质量硬，再通过高效且低价的渠道进行传播，最后通过差异化定位抢占用户心智，这就算是做了一次非常成功的营销。这看起来也许并不困难，但在实际操作过程中依然需要多实践、多试错。

第三章
好产品是爆裂的引子

二、模式1：从用户到产品

在做产品的时候，一共有两个可供选择的模式。其中，模式1的基本逻辑是从用户到产品，即先定位用户，再定位产品。而模式2的基本逻辑则是从产品到用户，即利用高质量的产品直接吸引用户。不过，通常情况下，为了让产品被更多用户接受和认可，进而获得更好的销售，绝大多数品牌都会选择模式1。

（一）定位用户

任何产品都有特定的用户，这是毋庸置疑的。对于产品来说，用户是最坚实的效益支柱；对于用户来说，产品是最坚实的需求支柱。如果双方关系没有平衡好的话，就会对产品销售造成严重的影响。由此来看，在做产品的过程中，定位用户扮演着一个非常重要的角色。

那么，品牌应该如何定位用户呢？首先要建立用户画像，实现需求分析。一般来说，用户画像主要包含以下内容，如图3-4所示。

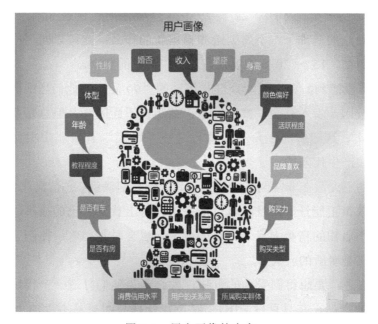

图3-4　用户画像的内容

在很多时候，定位用户的过程其实就是建立用户画像的过程，这一过程做得越好，获得的用户就越精准。当然，除了建立用户画像以外，把握用户心理也非常关键。至于应该如何把握用户心理，一个最好的办法就是先让自己成为用户，深入用户场景当中，与产品进行亲密接触，切实感受产品的各项功能。举一个比较简单的例子，假设你是一个卫生巾品牌的创始人，要想设计和生产出更符合用户需求的卫生巾，就应该亲自研究和体验各种品牌、各种款式的卫生巾。

2013年，万合天宜推出了一款视频产品——《万万没想到》，该产品一经推出，就迅速走红，火爆异常，受到广大观众的喜爱和追捧，并被冠以"2013年网络第一神剧"的称号。2014年，《万万没想到》在优酷网上的总播放量将近7亿次，而且多次出现在百度风云榜搜索排行、新浪热门微博排行榜、豆瓣电视剧新片榜、优酷大陆电视剧搜索排行榜等多项榜单之上。

《万万没想到》之所以能取得如此亮眼的成绩，主要就是因为他们对观众进行了精准定位。据相关数据显示，《万万没想到》的核心观众是20～25岁的青年男性，男女观众的比例大概是6∶4。其中，21岁以下观众所占的比例大概是50%，22～29岁观众所占的比例在30%～40%。在锁定核心观众的基础上，不断创造和推出新的作品，就可以向更广泛的观众群扩散，例如，15～20岁的观众、25～30岁的观众。

《万万没想到》的主要观众群是年轻的"90后"。他们当中的大部分都是刚走出校园，步入社会，梦想的小火苗还在不断闪烁，但总是要面对各种残酷的现实。这部剧的主角王大锤与这些"90后"有着非常相似的经历，可以让他们产生代入感。

在看到王大锤在非常倒霉的情况下，依然自信满满、热情满满，这些"90后"可以获得正能量，而且还可以从王大锤身上找到自己的故事。随后他们就会带着不服输的精神去追寻自己的梦想，也会时刻想着：摔倒了就再爬起来，明天又是崭新的一天。

总而言之，要想得到受众的青睐，就必须为他们打造一个接地气、贴近日常生活的产品。在《百度CBG、脱不花妹妹与叫兽易小星的"'90后'研究报告"》中，《万万没想到》的导演易小星对"90后"观众做了如下总结，

第三章
好产品是爆裂的引子

"90后"观众在行为上具有非常鲜明的特点。这就说明在打造《万万没想到》之前,易小星已经对受众有了比较准确的认识。所以才可以做出符合他们需求、深受他们喜爱的产品。

对于《万万没想到》的"90后"观众群来说,基本上每个人都是移动互联网的重度用户,他们已经习惯利用碎片化的时间去刷微博、逛淘宝、看视频,在这个过程中,他们可以得到快乐、减轻压力。

这些"90后"观众群一出生就处在一个信息时代当中,高科技对他们来说是再熟悉不过的事物。在这种背景下成长起来的他们,不喜欢拖沓,做什么事都要追求速度、效率。除此之外,他们还喜欢高密度的信息,而且还必须都是干货;喜欢新鲜、新潮的信息传达方式,而且卖点一定要直接鲜明。

"90后"观众不会有耐心去补课,以《飞鱼服绣春刀》这一部电影来说,只是看电影名字的话,讲的应该是明代锦衣卫的标准装束,但如此冷门的历史知识,大部分观众根本就不了解,他们又怎么会想看呢?

(二)定位产品

定位产品的要点一共有两个:一个是抽象细化场景;另一个是打造专属标签。

下面先来说抽象细化场景。从目前的情况来看,大场景还算比较常见,例如,大悦城的时尚购物场景、肯德基的休闲场景、星巴克的商务场景等。其实,要创建一个大场景并不是非常困难,但是对于品牌来说,只有大场景是远远不够的,还必须让这些大场景裂变出更多丰富的细化场景,这样才可以做出更好的产品,吸引更多的用户。

锤子手机之所以能够成为后起之秀,并在手机行业中闯出自己的一片天,一个很重要的原因就是它创造了很多细化的场景,而且这些场景还都有各自的侧重点。不得不说,锤子手机创始人罗永浩有着极其强大的号召力和个人影响力,更重要的是,他的心里还潜藏着一种"情怀"。

但是,仅靠这些就能让他把锤子手机经营得如此出色吗?答案是否定的。因为"情怀"太过缥缈、太过虚拟、太过单调,难免会带有形而上的意味。在此基础上,罗永浩开始不断挖掘"情怀"的深刻内涵,让场景一下子变得丰富、细化起来：谁都可以报名参加的海报设计大赛、小众且文艺的音乐、追求美好和视觉享受的摄影板块……这些细化的场景把那些喜爱设计、喜爱音乐、喜爱摄影的青年统统变成了锤子手机的忠实用户。

锤子手机不仅直击了用户的内心，也牢牢抓住了用户的痛点，最终获得较大成功。另外，罗永浩还擅长制造话题，而且这些话题的扩张性都是极其强烈的，使每一位用户，都可以找到与自己相对应的领域。

如果只是从成立时间、规模、上下游关系链的角度来看，锤子手机并没有非常大的优势，但是依然可以在短时间内取得如此亮眼的成绩，基于细化场景下的用户刺激，无疑有着不可磨灭的功劳。

接着说打造专属标签。好的产品都有一个标签，以豆瓣为例，它的标签就非常突出，其中尤以"文艺""独立"最为显著。从这两个标签来看，豆瓣应该是一众文艺青年的聚集地。但是，在论坛形式基础上发展起来的标签，不能充分地展现出个性化。所以，豆瓣又接着推出了自己的个性化产品，也就是大家都比较熟悉的豆瓣 FM，如图 3-5 所示。

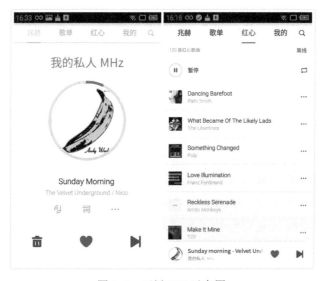

图 3-5　豆瓣 FM 示意图

该产品不仅可以在 PC 客户端上下载，还可以在手机客户端上下载。除此之外，豆瓣 FM 主要提供那些小众、文艺、独立的音乐，与酷我音乐、虾

第三章
好产品是爆裂的引子

米音乐、QQ音乐、酷狗音乐等传统音乐产品截然不同。这样一来,豆瓣的标签就变得越来越个性化。

以前,豆瓣只是一个单纯的互联网平台,在个性化方面,根本比不上天涯、虎扑等文艺类论坛,优势特别不明显。但是,自从豆瓣FM横空出世以后,豆瓣的个性气质立刻显现了出来,而且远超其他文艺类论坛。在这种情况下,豆瓣对用户的吸引力会更强,用户的黏度也会更高。

如今,随着技术的不断进步,产品更新换代的速度越来越快,导致用户的比较性和选择性增加了很多。在这种情况下,如果品牌无法抓住用户的痛点,为其设计出更好的产品,就很有可能会被淘汰。所以,定位在任何时候都非常重要。

三、模式2:从产品到用户

模式1的基本逻辑是从用户到产品,而模式2则与其完全相反,是从产品到用户。不得不说,在世界上,确实存在这样一些品牌:可以忘掉用户,完全自己定义产品,从而吸引用户成为产品的拥护者和朝拜者。

2018年,苹果公司推出iPhone X,该产品独有的"刘海"外观设计给用户的心灵带来了极大冲击,如图3-6所示。

图3-6　iPhone X的外观设计

为了保护自己的利益,苹果公司为该外观设计注册了专利,同时还为其设计了独特的广告标语——一直以来，我们都心存一个设想，期待着能够打造出这样一部 iPhone：它有整面的屏幕，能让你在使用时完全沉浸其中，仿佛忘记了它的存在。它是如此智能，你的一触、一碰、一言、一语，哪怕是轻轻一瞥，都会得到它心有灵犀的回应。而这个设想，终于随着 iPhone X 的到来成为现实。现在，就跟未来见个面吧。

对于手机行业来说，iPhone X 无疑是一大创举，相比于原有的 iPhone 系列，这款产品不仅推动了全面屏的火爆，还激起了一股新的审美浪潮。

在外观设计方面，苹果公司一直秉持着严谨、科学的态度，希望可以提升产品的吸引力；在内部的元器件组装排列方面，苹果公司也是力求规整；在体验方面，苹果公司拥有一套独具特色的操作系统和操作逻辑，虽然相对于市场上的另一派在数量级上不占优势，但是却可以让用户去适应和学习，而这也正是苹果公司最成功的地方；与用户之间相互迎合，但更多的是引导用户去适应自己的产品。

除了苹果公司以外，香奈儿（Chanel）对待产品的认真态度也是可圈可点的。提起香奈儿，首先映入脑海的就是各种各样的产品，例如，经典的山茶花、芬芳的 5 号香水、简约的斜纹软呢料套装、精致的菱格纹金曲链皮包、时尚的黑头高跟鞋等，如图 3-7、图 3-8 所示。

图 3-7　香奈儿的菱格纹金曲链皮包

第三章
好产品是爆裂的引子

图 3-8　香奈儿的黑头高跟鞋

随着岁月的沉淀,香奈儿的品牌形象越来越立体,产品质量也有了很大的提高,这些都是激发用户购买欲望的催化剂。当然,在此基础上,香奈儿的商业价值也进一步的显现出来。众所周知,可可·香奈儿是香奈儿的创始人,她的人生经历与独特理念为香奈儿的产品增添了强大的晕轮,让该品牌可以在激烈竞争中脱颖而出,成为世人眼中的传奇。

可可·香奈儿说:"愿我的传奇常留世人心中,永远鲜明如新。"正是因为有这样的理念,她才能做出高质量、受用户喜爱的产品。可可·香奈儿本是法国的一位贫穷人家的女儿,后遭生父遗弃,只好跟随姨妈生活。在童年时期,她入读修女院学校并学得一手高超的针线技巧。成人后,她又带着自己的技艺前往巴黎讨生活。

凭借着独特的理念及对美的领悟,可可·香奈儿所设计出的产品,不论是服装还是香水都取得了非常亮眼的成绩。如今,香奈儿旗下的产品种类越来越多,除了服装、香水,还涉及珠宝、化妆品等。这些产品之所以能被用户喜爱,与可可·香奈儿的两种思维有着密不可分的关系,如图 3-9 所示。

图 3-9　可可·香奈儿的两种思维

（一）打破传统，积极创新

在产品设计方面，可可·香奈儿敢于打破传统，积极创新。实际上，她本人非常热爱交际，愿意参加聚会结识各界的知名人士，特别是知名的男性。与此同时，交际过程也是她积累灵感的过程。基于对男性的了解，可可·香奈儿将帅气、利落的元素融入女性服装当中，让女性服装展现出极度的优雅，从而改写了服装行业的历史。

（二）简约大方，注重美学表述

可可·香奈儿崇尚简约大方，注重美学表述，她说"Less is More（简约就是美）"，同时还深入地解释道："我的美学观点跟别人不同：别人唯恐不足地往上加，而我一项项地减除"。正是这样的思维，缔造了5号香水的传奇。

5号香水的外形设计非常简约，甚至在同时代的香水中，它显得十分另类。因为展示台上展示的香水都极尽繁复华美之能，用各种元素对香水进行包装。而5号香水的瓶子晶莹剔透，就像一个天然的药瓶。正是这种简约的外形设计为5号香水增添了新的美学力量，进而吸引了一大批同样喜欢简约的用户。

无论是苹果公司，还是香奈儿，都采取了模式2，即用高质量的产品来吸引用户。但通常情况下，为了保险起见，除了高质量的产品以外，名人背书也是不可忽略的一部分。对于品牌而言，名人背书其实就是明星代言。

2017年6月13日，在荣耀9发布会上，华为荣耀总裁赵明高调宣称"得麒麟'心'者得天下"，与此同时，荣耀9的代言人胡歌也惊艳亮相。这让现场的"花粉"与"胡椒粉"异常兴奋，充分激发了他们的购买欲望。荣耀9选择胡歌做代言人既是颜值上的互相认可，也是实力上的共振，此次合作可谓是达到了共赢的效果。

在手机行业当中，华为荣耀无疑是一个特立独行的存在，原本可以背靠华为的巨额资本疯狂地进行广告投放，但还是选择从基层做起，通过步步为营、如履薄冰的营销一步步发展壮大。而且当其他品牌在疯狂追求产品外观的时候，华为荣耀依然专注于硬件与软件的配置，始终坚持以"质价比"为

第三章
好产品是爆裂的引子

核心的成长之路。

相应地,在娱乐圈里,胡歌也是一个特立独行的存在。他因出演《仙剑奇侠传》而名声大振、家喻户晓,但是却遭遇了一场非常严重的车祸。在这之后,胡歌经过一系列的沉淀学习,演技日益提升,在演员的职业修养之路上越走越远,并且凭借《琅琊榜》吸引到很多新的粉丝,获得了广泛地关注和一致好评。

荣耀9找胡歌做代言人简直再合适不过。具体来说,该产品主打两手牌,一手是高颜值;另一手是旗舰级实力。而胡歌在娱乐圈既算得上是颜值担当,又算得上是实力担当,所以两者在形象定位上实现了高度契合。

胡歌对于自己成为荣耀9代言人的想法更为坦诚,他说:"我代言荣耀9,一是因为自己热爱摄影旅行;二是我认为荣耀是国产品牌,值得推崇"。他的坦诚态度激发了"胡椒粉"对荣耀9的热爱,也促进了荣耀9销售量的大幅度提升。

对于很多品牌来说,做产品非常难,做高质量的产品更是难上加难。于是,这些品牌开始转变思路,从用户下手,根据用户的需求做自己的产品。但是,还有一些品牌,对自己做产品的能力非常有信心,所以就忘掉用户,专心做产品。但无论哪一种,唯一不变的就是"产品的质量一定要得到保障",毕竟好产品才是爆裂的引子。

第四章
04 全局爆裂营销三级

市场饱和度越来越高，用户的心理却越来越难以揣摩。一般来说，人类惯用的思维模式是逻辑思维，逻辑思维的核心特征是分析和判断。在购物的时候，用户会对产品进行分析和判断，但分析和判断需要依据。这个依据，有时是经验，有时是其他产品，有时是品牌故意给出的暗示。

全局爆裂营销需要用户把转化旅程作为参考依据，来推动效果的最优化。一般来说，全局爆裂营销可以分为三级——开始、进行时、升级。其中，开始的重点是用户的心智；进行时的重点是用户转化，形成闭环；升级的重点是用户的裂变增长。可以说，把这三级掌握好，品牌就能够获得更好的发展。

一、着眼于用户转化旅程

一个典型的用户转化旅程通常是这样的：不了解→有兴趣→了解→购买→分享→复购，其中的每一个节点都会对营销产生至关重要的影响。要知道，一旦用户卡在某一节点而流失，不但召回的成本会非常高，而且很有可能不会成功。因此，在进行营销的时候，用户转化旅程绝对是一个不可忽视的着眼点。

假设你想开一家西点店，正式开业之前可能需要做一些宣传，例如，发传单、发微博等。当然，你也可以不采取任何行动，毕竟在还没有形成框架的时候就去做宣传，不会对用户的转化

第四章
全局爆裂营销三级

产生太大的作用。但是，当西点店正式开业以后，你就得全身心地投入到"战斗"当中，而且要付出比平时多两倍的精力。通常来说，西点店矗立在那里，看到并选择进入的用户应该抱有以下4种心态：

（1）尽快解决饥饿问题的务实心态；

（2）想购买一些作为零食或者早餐的备用心态；

（3）期待可以购买到新品的尝鲜心态；

（4）希望用较低价格获得美味西点的省钱心态。

可以说，所有进入西点店并产生购买行为的用户都离不开以上4种心态。那么，进入西点店的用户其实是度过了转化旅程中的第一个节点。接下来，要想进一步促进转化的话，就必须要做一些更加细致的工作。例如，布置灯光、改善卫生条件、制定合适的产品价格、推出优惠活动等。

实际上，用户进入西点店以后，烘焙行业的质量分水岭才会真正显现出来。在进行选择的时候，用户考虑的第一个因素往往是"颜值"，即口味、外观、材料、制作工艺等；第二个因素是价格，即自己看中的产品是不是有一个合理的价格；第三个因素是优惠活动，即自己的消费有没有在优惠活动的范围之内。

其中，外形和价格是促进转化的两个最重要因素。当用户拿着自己看中的西点，准备去付款的时候，很多商家都会松懈下来，并为即将到来的成交感到兴奋和激动。实际上，这个时候对于商家来说至关重要，因为终于有了一个可以与用户近距离交流和沟通的机会，必须牢牢把握住。

面对这种情况，你可以顺势做一些推销和引导。例如，加5元可以换购一个巧克力面包，充值100元即可成为会员并享受8折优惠等。这种做法虽然比较传统、老套，但效果非常不错，而且投入产出比较高。

初级转化完成以后，还要接着进行深入转化，即树立口碑，促进老用户的分享和复购。通常情况下，深入转化是无形的，无法评估效果。但无论效果如何，只要注重细节并持续细化，深入转化自然可以事半功倍。

与网店相比，实体店具备更多优势，其中最主要的一个原因就是以产品的特点为基础，进行有针对性的推销。因此，在实体店里的每位店员都会主动与用户搭话，积极为用户推荐产品，进行深入交流。事实证明，这种做法不仅不会被用户讨厌，还有利于促进销售额和复购率的提升。

实际上，同样一个产品，不同用户在不同地点的选择会有所不同；同样一个产品，相同用户在不同地点的选择也会不同。这就意味着，用户转化有非常明显的不确定性，所以我们必须在合适的地点，对合适的用户做合适的事。具体可以从以下几个方面进行说明。

（一）选择合适的时间

任何行业都有淡、旺季，这是无法改变的事实。例如：上午 11 点之后（也许更早），早餐店基本上不会再有生意；中小学教育机构的宣传工作肯定会集中在寒暑假之前的那一段时间；花店会在情人节的时候推出极具吸引力的活动。可以说，时间的选择会对用户转化产生非常重要的影响。

（二）选择合适的地点

夏天是一个出汗、释放荷尔蒙的季节。似乎从 2016 年开始，宝矿力水特就把自己的广告投放到了地铁站、运动场等户外场所，甚至公交车上都出现了宝矿力水特的广告，如图 4-1 所示。而那句广告语——"汗的味道和水一样吗"更是遭到了不少"吐槽"，有一种喝水就是在喝汗的感觉。

图 4-1　公交车上的宝矿力水特广告

实际上，如果我们认真分析可以发现，上述广告语非常符合宝矿力水特这种电解质饮料的定位。因为做完运动以后，除了水以外，电解质也是一种必须补充的物质。出汗和宝矿力水特就在电解质一"出"一"进"的情况下，植入到用户的印象当中。

大家想象一下，当你打完篮球，大汗淋漓去买水的时候，面对着各种各样的饮料，看到宝矿力水特肯定会自然而然地想到那句广告语——"汗的味道和水一样吗"，于是，你可能就情不自禁地选择付款购买。

通常情况下，每个品牌都会定期更换广告，例如，每年春节的时候，可口可乐都会推出一个全新的广告。然而，宝矿力水特这个打在户外的广告却保持了两年之久，可见其作用的强大。

宝矿力水特的广告之所以能够取得良好效果，主要就是因为选择了合适的投放地点。大家可以想象，如果是一个坐在室内办公，喝着咖啡或者茶水的白领，通过手机、计算机看到了宝矿力水特的广告，购买欲望肯定比不上在户外的人。因此，我们绝对有理由相信，地点的选择也是促进用户转化的一个关键因素。

（三）选择合适的用户

从理论上来讲，绝大多数的产品都适用于所有用户，但不同用户有不同的使用时间。因此，在进行用户转化的过程中，必须要选择合适的用户，通过已经建立好的用户体系去收集和分析，然后形成最终的执行方案。

要想让用户在你的产品上形成消费，首先应该做到，按照用户的思维方式去考虑问题。不过，那些没有形成消费的用户也不容忽视，因为在当下这个互联网时代，每个人都有可能成为你的用户，所以，大家都要全部重视起来。

很多时候，由于一些重要数据没有得到充分利用，结果导致一些用户的丢失。在重要数据的助力下，虽然可以知道哪些是"高价值"用户，但还是要对那些"低价值"用户进行深入分析，然后在此基础上找到一个合适的切入点，进而更好地完成引导工作。

在为融资方估值的时候，投资者们之所以不只看交易金额和盈利情况，主要就是因为用户数量、付费率、用户使用频次等都会对产品的未来走势产生深刻的影响。

由此可见，只要把用户转化的各个因素梳理清楚，并把握好细节，就可以在不花费巨额费用的情况下，把用户转化做到极致。着眼于用户转化旅程是全局爆裂营销的重点，任何工作的开展都由此开始。

二、爆裂开始：从心智启动

营销的终极战场是用户的心智，全局爆裂营销也应该从心智启动开始。对于很多品牌而言，进入用户心智，打造高辨识度的产品已经成为其毕生所求，不过，要做好这件事情却并不是那么简单。

提起精油，绝大多数人想到的第一个品牌就是阿芙。当然，如果是阿芙的忠实用户，还可以想到那幅以紫色薰衣草花丛为背景的广告图，以及那两句极其经典的广告语"阿芙·就是精油""独立·美—独立的女人最美"，如图4-2所示。

图4-2　阿芙的广告图

我们不妨考虑这样一个问题，中国是不是只有阿芙这一个精油品牌？其实，如果打开淘宝或者京东搜索"精油"就会发现，除了阿芙以外，还有很多其他的精油品牌。但不得不说，阿芙确实在用户心中留下了最深刻的印象。

阿芙刚刚进入精油市场的时候，中国还没有出现非常知名的精油品牌，人们对精油的功能、价格、效果也没有非常深刻的理解。于是，阿芙牢牢抓住进入用户心智和成为行业第一的机会，迅速展开行动，开发了一些具有高辨识度的产品。可以说，在进入用户心智方面，阿芙巧妙占据了"天时、地利、人和"。

在用户没有认知基础的情况下，品牌要想像阿芙一样进入用户心智，最关键的就是要打造高辨识度的产品。而从过往经验可知，打造高辨识度的产品，至少要把握以下几个要点，如图 4-3 所示。

1 做好产品定位，找准进入用户心智的着手点
2 提炼产品的独特卖点
3 以用户可感知的方式展示产品的优势
4 不断为产品开拓市场
5 大力推广品牌

图 4-3　如何打造高辨识度的产品

（一）做好产品定位，找准进入用户心智的着手点

沙米是种植在内蒙古奈曼沙漠的弱碱有机大米，与普通大米相比，它的价格要高出近 10 倍。更重要的是，对于这一产品，用户并没有非常强大的认知基础。但即使如此，经过一系列的爆裂营销，沙米依然获得了广大用户的青睐。

众所周知，品类既有可能消亡，也有可能分化。于是，在深刻追溯了大米的发展历史以后，沙米找到了一个可以分化的机会——沙漠大米。在这种情况下，沙米牢牢占据了沙漠大米的这个品类，成为沙漠大米的开创品牌，并推出了一个十分具有特色的广告语——"沙漠里种出的有机米"，如图 4-4 所示。

图 4-4　沙米——沙漠里种出的有机米

在绝大多数人的认知里，沙漠意味着荒凉、干燥、寸草不生，在如此恶劣的环境中种植水稻，并产出大米，简直是一件前所未闻、颠覆认知的事情。通过这样的反差，沙米成功引起了用户的关注，进入了用户心智。

（二）提炼产品的独特卖点

提炼产品的独特卖点可以分为 4 个步骤：了解产品的属性、研究竞争对手、梳理 7 维问答和利用清单自检。

首先，了解产品的属性，即弄清产品能为用户解决什么问题。大家可以从产品的外观、生产时间、材料、材质、工艺、功能、适用人群、情怀、效果、价格等方面入手。

其次，研究竞争对手。所谓"知己知彼，百战不殆"，除了要为自己的产品提炼独特卖点以外，还要对竞争对手的卖点了如指掌，看看双方之间是不是存在同质化的现象。例如，泰诺在自己的广告中说道，"阿司匹林不是最理想的止痛药""阿司匹林会刺激胃黏膜""幸好，有泰诺"。既借助了竞争对手的力量，又突出了自己的优势。

然后，梳理 7 维问题。这一步骤的主要作用是确定卖点，具体包括以下 7 维：

（1）产品有哪些值得关注的细节？

（2）产品可以解决哪些问题？为什么能解决这些问题？

（3）产品有什么显著的特点和优势？

（4）产品弥补了其他同类产品的哪些弱点？

（5）产品的好体现在哪些设计和生产的细节上？

（6）产品的好体现在哪些实际发生的结果或者用户行为上？

（7）到目前为止，产品获得了哪些信任背书？

认真回答了上述 7 维问题以后，品牌就会对自己的产品有更加深刻的认识，从而使卖点更加科学合理、与众不同。

最后，利用清单自检。一般来说，卖点确定好以后，还要利用清单来自检。自检的内容主要包括 3 项：有没有辨识度、竞争力够不够大、具不具备唯一性。具体而言，如果卖点既有辨识度、竞争力也够大，又具备唯一性的话，那就说明提炼得非常成功。

（三）以用户可感知的方式展示产品的优势

提炼出产品的卖点以后，产品的优势也随之显现，这时，就需要将其以用户可感知的方式展示出来，这里应该从以下两个方面入手。

1. 用色彩视觉强化记忆点

这里还以阿芙为例，阿芙的广告图之所以能够有过目不忘的效果，在很大程度上是因为对色彩视觉的打造非常出色。为了凸显原材料薰衣草是从国外进口这一优势，同时也是为了诠释品牌理念，阿芙选择紫色的薰衣草花丛作为广告图的背景（具体可见图4-2），并且一直没有换过，进而吸引了一大批追求美丽、热爱自然的用户。

2. 通过对比彰显价值点

有些产品的价值点不是非常容易感知，在这种情况下，我们就可以通过对比将其彰显出来。具体的做法是：引入一个对标产品，与自己的产品做对比。例如，小米手机刚刚进入市场的时候，雷军为了彰显该产品的价值点，特地找了一些同类手机（例如三星、HTC、摩托罗拉等）与其做对比。此举不仅强调了小米手机的优势，还降低了用户的感知难度。

（四）不断为产品开拓市场

如果想为产品开拓市场，首先要大肆宣扬产品的竞争力，这里所说的竞争力包括很多内容，例如，性价比、售后服务、科技含量、生产工艺、质量、原料等。然后再借助相关渠道将这些竞争力传递出去。这样既有利于帮助产品顺利度过市场开拓期，又有利于推动品牌的高速和良好发展。

（五）大力推广品牌

在很多时候，品牌与产品其实是一个整体，品牌具有辨识度就相当于产品具有辨识度，因此，大力推广品牌也是为产品提升辨识度的好方法。对于那些还不太成熟的新品牌来说，推广的捷径就是与对标品牌达成合作，为自已累积足够的价值。

举一个比较典型的例子。摩拜在做推广的时候，就分别与不同的对标品牌达成了合作。具体来说，摩拜找了一个健康饮食的品牌——Wagas，并开设了非常有格调性的线下门店，进而缩短了与都市白领之间的距离，如图4-5和图4-6所示。

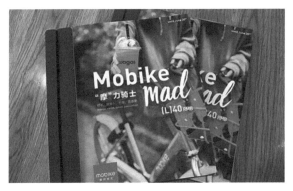

图 4-5　摩拜与 Wagas 达成合作

图 4-6　摩拜与 Wagas 开设的线下门店

很多品牌，总是想着短时间内就可以进入用户的心智，打造高辨识度的产品，实际上这根本就不现实。因为无论是产品定位、卖点提炼，还是市场开拓、品牌推广，都不是一朝一夕就可以完成的事情，需要时间和经验的沉淀。

三、爆裂进行时：早期的用户转化，成功闭环

一般来说，通过众多的接触点接触到产品，并对产品表现出喜爱之情的用户，我们称其为兴趣用户；而那些真正产生了购买行为的用户，可以看作付费用户。营销的主要目的之一就是将兴趣用户转化为付费用户。在这一转化过程中，营销漏斗起着非常重要的作用，下面以APP为例对此进行详细说明。

APP的转化过程应该是这样的：获知APP→兴趣用户→下载→用户→注册→登录→付费用户→重复付费。如果将其对应到营销漏斗上，就可以产生下载转化率、用户转化率、注册转化率、登录转化率、使用转化率和付费转化率6个节点，然后我们再找出效率比较低的节点，有针对性地设计营销动作，最终实现营销效率的大幅度提升。

可以说，无论是用户转化，还是付费转化，对于APP来说都非常重要。其中，用户转化是APP的终极营销目标，付费转化是APP的盈利来源。如果可以有效减少用户的流失，提高每一个节点的效率，营销效果将会实现最优化。

在APP的营销漏斗中，注册转化率与早期的用户转化密切相关，付费转化率则有利于闭环的形成。如果这两个节点的效率可以提升，就会让营销有事半功倍的效果。为此，大多数APP都做了非常多的努力。

（一）注册转化率

注册转化率表示从下载到成为用户再到完成注册的具体情况，只有先完成注册，才有进一步成为付费用户的可能。如果想提高注册转化率的话，先要找到并分析从下载到注册之间存在的问题。如今，很多人在下载APP以后，根本不会去注册，原因主要集中在两个方面：一是被动下载，二是没有使用需求。

例如，张鹏是一个APP的付费用户，正在参与一个邀请好友获得奖励的活动——只要邀请到5个好友下载APP（不需要注册），就可以获得相应的奖励。于是，他就向自己的5个好友分享了下载链接。但是，因为这5个

好友根本没有使用需求,对这个 APP 也不太感兴趣,下载后并没有注册。

对于部分 APP 来说,即使没有注册,基础功能也还是可以正常使用,在这种情况下,很多下载的用户可能就不会去注册。例如,电子阅读类的 APP,用户只要把电子书上传,无须注册就可以随时打开阅读。

另外,注册必须要填写相关资料,这是一件既耗费时间又耗费精力的事情,而且还存在个人信息(例如,手机号、微信号等)泄露的风险。所以,如果不是非常必要的话,绝大多数用户都不会主动去注册。然而,要是不想办法避免这种现象,APP 的注册转化率很难有大的提高,那究竟应该怎样做呢?

新用户专享优惠就是一种十分常见,也特别有效的方式。这种方式利用的是一种获利心理,通过极具诱惑的优惠来让用户产生注册行为。通常情况下,刚刚下载的用户不会对 APP 有太过深入的了解为了让用户的操作能够更加简单,优惠应该设置在打开 APP、进入首页的地方,如图 4-7 所示。

图 4-7 APP 引导用户注册的优惠界面

图 4-7 是进入肯德基 APP 首页的时候会自动弹出来,引导用户注册的优惠界面。这仅仅是一个非常简单的"打开"动作,就可以触发优惠,让所有已经下载了肯德基 APP 的用户都能够看到。实际上,像肯德基 APP 这样的红包都是特别实用的优惠,十分有利于引导用户完成注册,进而促进注册转

化率的大幅度提高。

（二）付费转化率

简单来说，付费转化率指的是用户在使用 APP 期间的付费情况。一般情况下，为了让更多用户付费，进而获得更加丰厚的盈利，商业性的 APP 都会设置付费环节。而且付费的用户越多，就表示 APP 发展得越成功。

对于一些比较常见的动作，例如，拉新、留存、促活等，其目的都是进一步提高付费转化率。不过，在提高付费转化率方面，不同类型的 APP 应该采取不同的模式。下面以电商类 APP 与游戏类 APP 为例进行详细说明。

1. 电商类 APP

电商类 APP 付费转化率的衡量标准是有多少已经拍下订单且付款成功的用户。因此，要想提高电商类 APP 的付费转化率，最好的办法就是组织活动、发放优惠。例如，"双12"的时候，天猫会组织秒杀、限时抢等活动，目的是给用户一种紧张的感觉，让用户以最快的速度完成付款，进而大幅度提高付费转化率，如图 4-8 所示。

图 4-8 天猫双十二秒杀活动界面

2. 游戏类 APP

游戏类 APP 付费转化率的衡量标准是有多少已经购买道具且付款成功的用户。因此，要想提高游戏类 APP 的付费转化率，比较实用的办法是，降低道具的价格，设置合适的付费点。

开心消消乐是一个十分火爆的游戏类APP。在这个APP里面，有多种多样的道具，例如，加5步、精力瓶、魔法棒、沙漏、风车币、追踪导弹、强制交换、小木槌、刷新等。其中，除了风车币需要付费购买以外，其余道具都可以用相应数量的风车币兑换，或者也可以直接用别的方式，例如，求助好友、每日签到、通过关卡等获得。

另外，为了把付费购买风车币变成一个最主要，也最快的渠道，开心消消乐不断提高用别的方式获得道具的难度，而且设置的还都是一些比较低级的道具。这也就意味着，用户要想获得比较高级的道具，依然需要有付费行为，如图4-9所示。

图4-9 开心消消乐界面截图

为了充分激发用户的付费欲望，开心消消乐不仅设置了合适的付费点，还给每个关卡限定了时间或者次数，并在页面最底部安排了小木槌、强制交换、魔法棒、加5步等道具，让用户可以随时点击购买，如图4-9所示。

总而言之，要想提高游戏类APP的付费转化率，最重要的就是付费点的设置、关卡的限定以及道具的安排。当然，在适当的时候主动弹出购买提醒，例如，图4-9中弹出的38个风车币购买加5步道具也非常关键，这样可以进一步推动用户的购买行为，从而促进付费转化率的提高。

在进行用户转化的过程中，除了提升效率以外，还要做好分析。以APP为例，对于注册转化，首先要通过分析，总结出用户不注册及流失的原因，然后再有针对性的制定应对措施；对于付费转化，首先要了解用户购买的原因，以及点击购买但迟迟不付费的原因，然后再在此基础上提出营销方案。

同样的产品，不同用户在同一环境下的选择会有所差别；同样的产品，相同用户在不同环境下的选择也会有所差别，这也就表示用户转化其实存在非常大的不确定性。因此，要想促进用户转化，必须要在合适的场景，对合适的用户说合适的话。

让兴趣用户变成实实在在的付费用户，这是体现用户价值的最关键步骤。通过适当的引导，让用户了解自己的产品是什么？有什么样的功能和效用？能够满足何种需求？可以说，实现用户转化，尤其是早期的用户转化，就意味着爆裂已经在进行，而最终的结果则取决于各个节点的效率，以及营销工作的具体情况。

四、爆裂升级：从早期用户到规模用户，裂变增长

转化阶段解决的是兴趣用户与付费用户之间的问题，当形成了稳定的用户群体之后，如何实现用户的进一步增长，即新用户的增长，则成为增长阶段的核心工作。在增长阶段，增长黑客是一个不得不提的重要手段。

随着产品实际情况的变化，增长目标也会有所不同，根据用户参与行为的深度与类型，增长目标可以概括为"AARRR漏斗模型"。其中，"AARRR"对应的分别是Acquisition（获取用户），Activation（提高活跃度），Retention（提高留存率），Revenue（获取收入），Refer（病毒式传播），如图4-10所示。

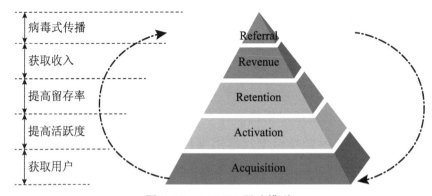

图 4-10 AARRR 漏斗模型

（一）Acquisition（获取用户）

在很多时候，获取用户指的是将潜在的目标用户转化为使用产品的用户。这一环节的重点是凸显并传达产品的核心价值，不断加强产品的引导。如果细化到具体做法上，可以有很多种，例如，用植入广告的方式为产品提高曝光度、与其他品牌达成战略合作、通过营销事件加深用户对产品的印象等。

（二）Activation（提高活跃度）

获取到用户以后，还要重视活跃度的提高，这是真正考验营销能力的一个环节。对于品牌而言，要想提高用户的活跃度，必须建立起用户成长体系和用户激励体系。具体的做法是，组织积分活动、发放优惠。其中，组织积分活动就是在建立用户成长体系，而发放优惠则是在建立用户激励体系。当然，如果可以安排做任务赚积分、积分兑奖品等长期性活动，还可以取得更加良好的效果。

（三）Retention（提高留存率）

提高留存率指的是让用户愿意长时间使用产品，而不去选择其他品牌的产品。要做好这一环节，应该为用户提供一些富有情感的东西。例如，以前，用户在 Facebook 注销账号的时候，确认页面会出现这样一段文字"你是不是要注销，你确认一下，你再多确认一下，OK，你去意已决那就给你注销"。

但是有一段时间，Facebook 出现非常严重的用户流失现象。为了缓解这一现象，Facebook 在确认注销账号之前加了一个新的页面，这个页面上不仅有与用户互动比较多的 5 个好友的头像，还有一段非常有情感的文字——"你确定要注销吗？你如果要注销的话，这些好友再也看不到你，你也再也关注不了他们的新情况，你是不是要再考虑一下？"至此，Facebook 的留存率有了很大的提升。

（四）Revenue（获取收入）

无论是开公司还是做营销，最根本的目的都是获取更多收入。一般来说，产品经理和市场经理的想法会有很大不同。其中，产品经理认为要把产品设计得简单优美，为用户提供最极致的体验，而市场经理则希望产品可以实现公司利益的最大化。

经过严格的测试之后，发现某一方胜出，但是优势非常不明显，在这种情况下，肯定要选择能获取更多收入的那一个产品。而事实也证明，产品正式推出以后，用户没有太多的抱怨和不满，公司的收入也的确有了大幅度增加。

实际上，产品经理有非常强烈的第六感，会看到很多关键的东西，但数据永远最准确也最科学。因此，只要在把握数据的基础上采取正确的策略，就可以做出合理的决定，进而使公司获取更多的收入。

（五）Referral（病毒式传播）

形成病毒式传播是裂变增长的关键。如果某一产品在朋友圈刷屏，我们第一时间想到的一定是这个产品马上就会火起来。之所以会如此，主要是因为随着互联网的发展和社交媒体的兴起，营销推广变得越来越简单，越来越低成本。借助社交媒体的力量，让用户把产品推荐给好友，形成一个完整的链条，使品牌被更加广泛地传播。

经过不断地测试和实践以后，通过机制把营销推广的方式固化下来，实现用户的自发增长，这才是病毒式传播的最好方法。像之前那种花钱砸市场的做法则已经过时，无法再为产品和品牌带来良好的效果。

从2016年成立到现在，趣头条一直在快速发展，可谓是资讯分发市场中的最大黑马。据相关数据显示，仅用了10个月左右的时间，趣头条就把用户增长到了600万人。截至2017年年底，趣头条的用户已经接近4000万人，仅次于今日头条和腾讯新闻。2018年3月，趣头条又获得了由腾讯领投的超2亿美元的B轮融资，估值超过16亿美元。

对于自己，趣头条有这样一番介绍："避开了今日头条的一、二线城市用户群，而选择走快手势路线，76.4%用户都来自三、四、五线。收录的内容更'轻'，以生活、时尚、娱乐为主，女性用户占65%，是极为罕见的女性用户占比超过男性的移动阅读应用。"

实际上，资讯分发市场已经聚集了太多巨头（例如，前面提到的今日头条、腾讯新闻，以及UC、天天快报等），用户已经基本被瓜分完毕。在这样的背景下，趣头条依然能取得如此亮眼的成绩，吸引大量的用户，一个主要原因就是充分利用了"增长黑客"手段，具体可以从以下几个方面进行说明，如图4-11所示。

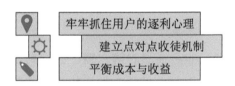

图4-11 趣头条利用的"增长黑客"手段

1. 牢牢抓住用户的逐利心理

毋庸置疑，任何一个用户都具有逐利心理，趣头条就是牢牢抓住了这一点，把现金红包当作引子，促进对外拉新的顺利完成。从定位的角度来看，这有利于夯实认知基础，迅速抢占用户的心智。对于趣头条而言，发放现金红包不仅可以获得更多新的用户，还很容易形成口碑传播，达到大范围推广的效果。

除了发放现金红包以外，趣头条还有一处非常值得称道的功能设置，那就是当天即可提现，如图4-12所示。

第四章
全局爆裂营销三级

图 4-12　趣头条的当天即可提现界面示意图

该设计迎合了绝大多数用户的心理，满足了用户的及时获得感，进一步优化了使用体验，从而吸引用户积极参与"做任务得红包"的活动。

2. 建立点对点收徒机制

与其他资讯分发类 APP 相比，趣头条的特色就是点对点收徒机制，这里所说的收徒指的是邀请。举一个比较简单的例子，如果你向你的好友分享了二维码，让他成为趣头条的用户，你就可以获得相应的奖励，并成为他的"师父"，而他的有效阅读也会转换成金币"进贡"给你，如图 4-13 所示。

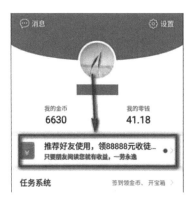 

图 4-13　趣头条的点对点收徒机制

如果你的好友也邀请了新用户，变成了"师父"，他收的"徒弟"就是你的"徒孙"。

有了"徒孙"以后，你还是可以获得奖励，而且当"徒孙"的有效阅读达到一定额度时，也会转换成金币"进贡"给你。

另外，如果你的"徒弟"有很长时间没有登录的话，你可以发送链接提醒他重新登录，这称为"唤醒徒弟"。将"徒弟"顺利唤醒以后，你可以获得1000金币的奖励。按照规定，这些金币都能够以相应的比率兑换成现金。

3. 平衡成本与收益

为了平衡成本与收益，趣头条做了4项工作，分别是降低金币发放门槛、提高提现门槛、合理设计活动和控制兑换比率。以合理设计活动为例，做任务是低收益；邀请新用户是高收益；徒弟进贡也是高收益，这样高低收益相结合，形成了一种动态平衡。

裂变就意味着增长已经开始，而如何将这一增长变成黑客式的，则是我们需要认真考虑和思索的问题。实际上，如果想让裂变迅速升级，除了要关注拉新以外，更应该关注促活和留存、这也是"AARRR漏斗模型"能备受推崇的重要原因。

第五章
05 爆裂开始：从用户心智认知开始

品牌是一门管理认知的学问，集合了用户认知一个产品的所有心智活动。这门学问既具备显性化，也具备隐性化。之所以说其具备显性化，是因为品牌的建立者只有将产品、服务、体验等一切显化为用户心智容易识别与记忆的信息，品牌才可能得以有效建立。而之所以说其具备隐性化，则是因为品牌的价值很难计量。

如果将品牌比喻成人类的话，讨论品牌的生而不凡，就相当于讨论人类应该有什么基因才可以变得优秀，甚至伟大。在人类学上，这个问题应该还没有明确的答案，但是在品牌学上，这个问题的答案已经被探索出来了。

品牌化的产品世界是基于用户心智认知而设计出来的。所谓定位、品类策略、品牌人格化、品牌名称、视觉锤、内容运营、产品包装等，都是以用户为核心。综观那些已经被全球公认的品牌明珠们，都已经进入了"品牌天堂"，而它们所具有的特征或许可以帮助我们洞察一些成功品牌的基因。

一、认知爆裂工具一：定位

定位是用户认知阶段最重要的一种战略，其本质是使得用户在心智中形成核心关键词的联想，从而在提及该品牌的时候，可以让用户产生非常深刻的印象。一旦确定好定位以后，所有的营销行为将围绕定位展开，需要以定位来配称。那么，品牌应该如何进行定位呢？最简单有效的方法是以下4个，如图5-1所示。

图 5-1　最简单有效的 4 个定位方法

（一）竞争型定位

竞争型定位指的是以强竞争性为导向，进行与对手完全不同的定位，这一方法比较适合那些市场饱和、后发创业的品牌。在使用竞争型定位的时候，首先要找一个可以对标的竞争品牌（尽量保证知名度高、影响力大、认知基础夯实），然后再针对这一竞争品牌提炼出自己最标新立异的优势，最终实现"人无我有"或者"人有我强"的效果。

通常情况下，为了进一步体现对比，营造出一种"一破一立"的感觉，竞争型定位的广告语会比较有偏向性，例如，更、没有、比、增加、减少等。当然，这也有利于带给竞争品牌不利的联想。

（1）2005年，面对着实力最为强劲的竞争品牌谷歌，百度提出了"更懂中文"的定位口号，从而进一步巩固了中文搜索的地位。

（2）2014年，滴滴和优步基本上已经占据了整个网约车市场，作为后发创业者，神州专车将滴滴当成竞争品牌，设计了广告语——"更安全的专车"。该广告语一出现，就影响了用户的心智，也让滴滴被间接联想成"不安全的专车"，实现了"人无我有"的效果。

（3）农夫山泉有一句非常经典的广告语——"我们不生产水，我们只是大自然的搬运工"，不仅强化了天然矿泉水的定位，也让用户对其他品牌的矿泉水产生了消费怀疑。

(4）在优信、人人车充斥着二手车市场时，瓜子以"二手车直卖网，没有中间商赚差价"的广告语异军突起，为对手建立了"有中间商""会赚差价"的联想。而且数据也证明，瓜子的广告投放效率确实要更高。

（5）在找到竞争品牌邦迪的短板（无药）以后，云南白药利用"有药好得更快些"对自己进行重新定位，最终反客为主成为领导品牌。

现代商战的本质是在饱和的市场中寻找一种对立与统一，实现与竞争品牌的合作。如果还像之前那样对竞争的残酷性熟视无睹或者反应迟钝的话，那很难得到好的定位结果，也就无法吸引用户的支持和关注。

例如，很多定位是基于梦想、主义等情怀来进行的，这样的定位虽然非常温暖和文艺，但并没有很强的杀伤力，比较适合那些行业领导品牌。而对于那些初创品牌来说，则是毫无作用和意义，并不能让用户在短时间内形成印象并迅速认可。

（二）自我表现定位

自我表现定位指的是通过表现品牌的某种与众不同，让品牌成为用户彰显自我、宣扬个性的载体和媒介。这样的定位不仅可以体现独特的社会价值，还可以为用户提供极致的审美体验和愉悦感受。

（1）在青年一代中，"酷"似乎永远不会过时，因此，为了牢牢抓住那些处在时尚前沿的新"酷"族，李维斯牛仔打造出"不同的酷，相同的裤"，让自己始终保持在一个新鲜、有活力的状态之下。

（2）百事从年轻用户着手，开辟了新的市场，把自己定位为新生代的可乐，提出经典的口号——"年轻新一代的选择"。

（3）在用户心中，邦迪无疑是伤口防护领域的佼佼者，但该品牌也有一个战略性缺点，那就是没有药。于是，为了凸显自己的优势，云南白药抓住邦迪的这个战略性缺点，打出"有药好得更快些"的口号，最终反客为主成为领导品牌。

不难看出，上述案例都采取了自我表现定位的方法。实际上，如果品牌与其他品牌满足的是相同的需求，不能体现出独特价值，那就必须通过定位、分化、切割、创新，进一步表现出自己的长处，以此获得发展并赢得市场的机会。

（三）USP定位

20世纪50年代初，美国营销大师罗瑟·里夫斯提出了非常著名的USP理论，即向用户说一个"独特的销售主张"。40年后，广告公司达彼思将这一理论运用得淋漓尽致，并衍生出了新的定位方法——USP定位。

从概念层面来看，竞争型定位也属于USP定位的一种。但从实践层面来看，USP定位更加强调产品的功效和利益，是物理性质的定位。在使用USP定位的时候，有一个非常重要的前提，那就是产品必须具有独特的功效，以便为用户提供一个明确的利益承诺。

无论是之前还是现在，USP定位都是绝大多数品牌的最佳选择，尤其对于那些以生产科技创新产品、工业产品为主的品牌而言，USP定位绝对是一个不可忽视的好帮手。另外，USP定位也倒逼创新思维的提升和工业设计的优化，像简单、极致、重点突破等元素，都和USP定位有着千丝万缕的联系。

一般而言，USP定位的常用表现形式是场景口号，即为用户营造一种，在某种场景下，你必须购买该产品的感觉。

（1）提起OPPO手机，大多数人首先想到绝对是那句非常经典的广告语——"充电5分钟，通话两小时"，这同样是一个强调功效的USP定位。而且，广告语就是数据证明，即使用户处于半信半疑的状态，也会对OPPO的快速充电功效记忆犹新，如图5-2所示。

图5-2　OPPO手机——"充电5分钟，通话两小时"广告界面

（2）红牛也是使用USP定位的高手，在早期，为了突出解乏的功效，

第五章
爆裂开始：从用户心智认知开始

提出口号——"困了累了，喝红牛"，让用户一听就可以明白，场景非常清晰。之后，因为知名度和影响力有了很大提升，红牛的定位要偏主张、偏情怀一点，所以对口号进行了更改，变成"你的能量，超乎你想象"。

（3）在定位的时候，士力架一直强调抗饥饿的功效，并在此基础上提出了"横扫饥饿，真来劲"，可谓将USP定位的作用发挥到极致，如图5-3所示。

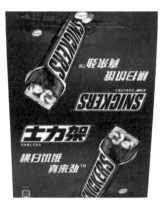

图5-3　士力架——"横扫饥饿，真来劲"广告界面

（4）斯达舒有一个流传至今的口号——"胃痛、胃酸、胃胀，就用斯达舒"，这就是USP定位的代表性案例。在进行定位的过程中，斯达舒先找到了合适的场景，明确了产品的功效，让用户在出现胃痛、胃酸、胃胀等症状的时候可以立即联想到产品。这样的定位不仅效果显著，而且省心又省力，能够为用户留下十分深刻的印象。

由于效果十分显著，因此在所有定位方法中，USP定位是使用最广泛的一个。其实，类似上述这样的案例还有很多，例如，vivo的"逆光也清晰，照亮你的美"、快克的"感冒，让快克出击"等。总而言之，USP定位的核心就是着眼于某个独特的产品功效，进行概念包装，加深用户的印象，形成强大的竞争壁垒。

（四）升维定位

与竞争型定位相比，升维定位的做法恰巧相反。具体来说，虽然都是以竞争品牌为基础，但是升维定位是直接提升到一个更高的维度，在蓝海市场中创造出新品类，启发出新需求。这样，用户就会觉得，该品牌的产品与其他品牌的产品有很大不同，可以带来更高维度的消费体验，久而久之，这个品牌也会成为新品类的代表。

通常而言，升维定位比较适合那些认知基础比较差的初创品牌。因为初创品牌有很大机会可以开拓出新的市场，所以根本没有必要去对标现有竞争品牌，也没有必要着眼于某个独特的产品功效做USP突破，完全可以直接朝领导者的方向进发。

在升维定位中，广告语往往要选择一些比较大的字眼，例如，"重新定义×××""×××革命""×××行业开创者"等。从表面上看，这虽然有点假、大、空，但效果非常不错，毕竟用户都愿意选择更加先进，更加独特的产品。

当然，也有一些品牌，并没有创造出新品类，启发出新需求，而是通过定位，升级原有的消费，引导用户把消费力转移到自己的产品上。这同样是升维定位的一种，下面以小米为例，对此进行详细说明。

在小米还没有开发出"互联网+"电视之前，很多品牌就已经推出了能够连接互联网进行在线观看的电视。例如，长虹推出了CHQ（奇客）、创维推出了创维酷开、康佳推出了KKTV等。但即使如此，这些品牌并没有对"互联网+"电视这一新品类进行过于激烈的竞争和抢夺，毕竟还要保护传统电视的份额。

但是，小米没有任何顾忌，以一种"我就是要革命"的强大决心，直接把自己定位在"互联网+"电视。事实也证明，在这样的做法下，小米的确抢占了最大的概念，坐上了最大的交椅，收获了最大的支持。

"互联网+"电视刚刚出现的时候，一直处于一个模模糊糊的状态，根本没有一个准确的概念，市场前景也不被看好。但是，小米亮相以后直接采取升维定位的方法，用了三年左右的时间就让市场迅速升温、扩大，夯实了用户的认知基础。

如今，"互联网+"电视已经成了新一代年轻用户的首要选择，小米也脱颖而出成为电视最受欢迎的品牌。在这些用户的心中，"互联网+"电视与传统电视有很大不同，甚至都不属于同一个品类，因此，电视领导品牌也

第五章
爆裂开始：从用户心智认知开始

不再是长虹、创维、康佳等老一辈的品牌。

有着悠久发展历史和强大用户基础的传统电视，仅仅几年的时间就被跨界而来的"互联网+"电视打败，原因涉及了很多个方面。但从定位的角度来看，直接升维并迅速抢占市场，无疑是一个正确的做法，值得广大品牌，尤其是传统品牌学习和借鉴。

但必须注意的是，升维定位的导向应该是用户，而非竞争性，其目的也不是打击竞争品牌，而是创造新品类，启发新需求。另外，在进行升维定位的时候，企业家不仅要有长远的市场眼光，还要具备缜密的战略格局，这样才可以让全新的品类和需求延续下去。

实际上，在很多时候，定位根本不能用短短几个字的口号说清楚，但不得不承认的是，一个好的定位，绝对可以引导出既简单又好懂的口号。例如，"小饿小困，来点香飘飘""今年过节不收礼，收礼只收脑白金"等。

二、认知爆裂工具二：品类策略

在购买产品的时候，用户采取的逻辑是，先品类，后品牌。例如，用户要购买一辆汽车，首先想到的肯定是汽车这一品类，然后才是品牌，宝马、奔驰、大众等。而这也从侧面反映出，一个深入用户心智的品牌往往可以代表一种品类，成为品类的代名词。

因此，要想实现认知爆裂，品类策略绝对是一个必不可少的工具。那么，究竟应该如何把品类策略应用得淋漓尽致呢？可以从以下3个方面着手，如图5-4所示。

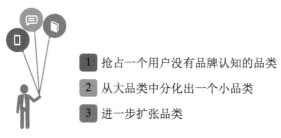

图5-4 应用品类策略的3个方面

（一）抢占一个用户没有品牌认知的品类

有些时候，用户也许会对品类有很强的认知，但在这个品类中并没有领导品牌。例如，圆珠笔是一个用户比较熟悉的品类，但提起圆珠笔的领导品牌，用户就非常不容易想到。因此，如果我们去抢占这样一个品类的话，就很可能会成为"品类杀手"。

无印良品是一个以销售为主营业务的品牌，始终秉持着淳朴、简洁、环保、以人为本的理念。实际上，在日文当中，无印良品的意思是"无品牌标志的好产品"，但事实真的是如此吗？很显然并不是，因为它已经成了一个非常知名的大品牌。

从根本上讲，无印良品并没有创造任何品类，其所销售的圆珠笔、铅笔、笔记本、便签、橡皮都是很早之前就已经存在的品类。但该品牌可以发展到今天这个地位，最主要的原因就是抢占了一个用户没有品牌认知的品类，并为这些品类贴上了自己的品牌，从而顺利进入用户的心智，获得了用户的认可和支持。

试想，Keep 为什么要出跑步机，而不出运动手环？很大程度上是因为小米手环、Apple Watch 等智能手环已经占据了用户心智，没有为 Keep 留下一点空隙。然而，在跑步机领域，并不存在一个无法替代的领导品牌，这便是 Keep 入局的绝佳机会。

（二）从大品类中分化出一个小品类

领导品牌为了防御挑战品牌的攻击，往往会把某一品类牢牢控制住。在这种情况下，对于挑战品牌而言，从大品类中分化出一个小品类，也不失为一种高效的打法。例如，饮料是一个大品类，从中分化出植物性饮料这样的一个小品类，就是初创品牌进入市场的品类战略。当然，从植物性饮料中继续分化出核桃蛋白饮料，则是更加细化的品类战略。

（1）星巴克在"家用咖啡"和"传统咖啡店"的饮用场景中，分化出"第三居所咖啡"，成为很多用户连接家和工作的纽带。

（2）苹果还没有成为品牌的时候，诺基亚是手机的代表。基于此，苹

第五章
爆裂开始：从用户心智认知开始

果从手机的技术发展路径出发，顺势分化了一个新的小品类——智能手机，并且在平台模式的助力下，成功颠覆了以往的领导品牌。

（3）在王老吉出现之前，凉茶仅仅是流行于广东一带的传统饮料，这个品类并不为广大用户所知晓。但是，王老吉从饮料中分化出"去火植物饮料"，并把自己变成该品类的领导品牌，年销售额高达160亿元。

（4）据相关数据显示，"90后"年轻用户的过敏率非常高，以女性用户为例，20～25岁的过敏率达到42.21%，25～30岁的过敏率达到30.18%。所以，作为护肤品中的一个小品类，过敏修复品的出现进一步挖掘了市场的潜在需求。基于此，名臣健康在2017年瞄准了这一前景广阔的市场，打造出一款针对易过敏用户的全新产品，如图5-5所示。

图5-5　名臣健康打造针对易过敏用户的全新产品广告图

（5）在日本，由于零售行业异常发达，百元店、便利店几乎随处可见。在如此激烈的竞争中，大创凭借粉扑清洗液、硅胶面膜、眉毛雨衣、睫毛膏等平价单品脱颖而出，成功夺取了日本百元店巨头的位置，如图5-6所示。

这样的案例其实还有很多。例如，丸美凭借眼霜产品成为中国本土眼霜领导品牌，玛丽黛佳的睫毛膏成就现在的"新艺术彩妆"。最早把握住品类缺口的品牌很容易进入用户的心智，而分化品类的出现则为初创品牌提供新的突围机会。

在很早之前，品牌战略大师艾·里斯便深刻洞察出"品类"是品牌之源这一规律。而且还明确指出，从本质上讲，人类的品牌文明就是一部品类不断分化的历史。其实，我们也可以将其理解为一棵不断成长，会持续分化枝丫的树。

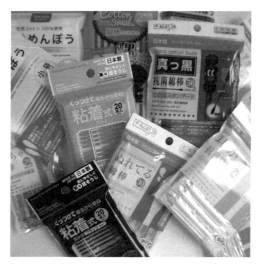

图 5-6 大创的平价单品图

例如,饮料是这棵树的主干,可以进一步分化出植物饮料,植物饮料又可以分化出茶饮料,茶饮料又可以分化出红茶饮料……以此类推。总而言之,只要符合用户的认知习惯,这种分化的空间就会不断扩大。

每一次有价值的分化,都可以创造出成为领导品牌的新机会,而事实也证明,已经有一定知名度和影响力的领导品牌也的确都是分化品类的高手。与此同时,这些品牌也在牢牢控制着自己分化出来的品类。

(三)进一步扩张品类

如果某个品牌牢牢控制住了一个品类,成为名副其实的"品类杀手",但获得的利润难以维持企业的正常运转,这时应该怎么办呢?很简单,对品类进行进一步扩张。

在抗过敏牙膏这一品类当中,冷酸灵无疑拥有着非常稳固的品牌地位,但即使如此,其销售额也还是一直在两亿元左右徘徊。实际上,如果仔细分析的话就可以发现,冷酸灵的问题不是出在品牌上,而是出在品类上。

对于冷酸灵而言,扩张品类是首先要做的一件事情。"抗过敏"是一个专业性比较强的词汇,大多数用户都不知道牙齿过敏的症状是什么,也不知道应该在什么时候使用抗过敏牙膏。因此,作为一个领导品牌,冷酸灵应该

第五章
爆裂开始：从用户心智认知开始

承担起教育的责任，这样才可以在推广品类的同时获得更加丰厚的盈利。

在最开始的时候，京东依靠销售3C数码产品起家，随后又继续扩张品类，与淘宝展开了一系列竞争。试想，如果京东一直都只销售3C数码产品，还能发展到今天这样的地位，有如此巨大的影响力吗？肯定很难。

假设一个品牌在市场中的占有率为10%，那它要想打败竞争品牌，最应该做的就是提高占有率，在蛋糕中分出更大的一块。不过，如果一个品牌在市场中的占有率为90%，那就应该尽快扩大市场，因为成为领导品牌以后，提高占有率会变得非常不容易。

提起鸭脖，首先想到的一定是绝味和周黑鸭，毕竟这两个品牌已经霸占了用户对于休闲卤制品的认知，成为"品类杀手"。从2011年到2018年，中国卤制品食品行业市场规模一直在不断扩大，绝味无疑成了一个最大的受益者，如图5-7所示。

图5-7　2011—2018年中国卤制品食品行业市场规模走势

如今，绝味在销售什么呢？只有鸭脖吗？当然不是，任何与鸭有关的休闲卤制品都在其销售范围之内，例如，鸭肠，鸭架，鸭舌、鸭心等，如图5-8所示。

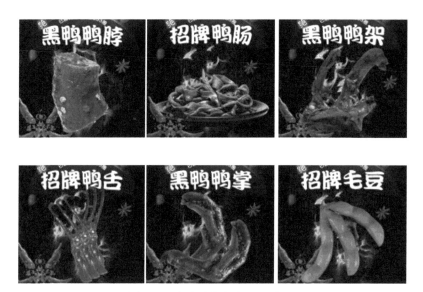

图 5-8　绝味销售的主要品类图

据相关数据显示，在京东搜索卤制品，可以出来上百个品牌。这也就意味着，除了周黑鸭以外，绝味还有一大批竞争者。所以，要想从中脱颖而出，绝味必须要不断提升自己的能力，为已经到来的激烈竞争做好充分的准备。

如果对产品进行分类的话，鸭脖应该归属于"便利品"范畴。所谓"便利品"，其实就是用户会频繁购买或者随时购买的产品。通常情况下，在购买"便利品"的时候，用户都不会考虑太多，当中有一种随机性存在。不过，要是购买不同的"便利品"，用户又会有不同的行为，下面以饼干和盐为例进行详细说明。

购买"饼干"的行为：绝大多数用户都不会忠诚于某一个品牌，因为选择性实在太多，例如，太平苏打饼干、百醇注心饼干、奥利奥巧克力饼干、康师傅3+2饼干等。而且即使有的用户喜欢苏打饼干，那也有芥末、香葱、海盐、烧烤等多种口味可供选择。因此，对于饼干而言，品类的多样性非常重要，毕竟用户都愿意尝试不同口味的饼干。

购买盐的行为：绝大多数用户都会忠诚于某一个品牌，而且这种忠诚是自然发生的，没有意识的。之所以会如此主要就是因为，盐的差异性非常小，当形成习惯以后就会一直持续下去，进而促成复购的发生。

第五章
爆裂开始：从用户心智认知开始

在行为上，购买鸭脖其实和购买饼干非常相像。例如，一些下定决心要购买鸭脖的用户，可能又突然想吃鸭锁骨或者鸭腿。所以，如果绝味只销售鸭脖的话，就会失去这些用户，承受不必要的损失。而事实也证明，当绝味对品类进行扩张之后，不仅大幅度提高了市场规模，还有效抵御了激烈的市场竞争。

在对品类进行扩张的时候，一定要清楚，什么是正确的做法，什么是错误的做法。毋庸置疑，绝味就采取了正确的做法，即先把品类聚焦，顺利进入用户的心智，然后再开展扩张工作。那么，什么是错误的做法呢？它就是在用户还没有对品牌形成认知基础之前，就一味地扩张品类，最终对营销效率产生严重影响。

在美国，每一个城镇里面都会有一个咖啡店，这些咖啡店都销售什么呢？早餐、午餐、晚餐、松饼、热狗……应有尽有。然而，霍华德·舒尔茨开了一家与众不同的咖啡店，平时只销售咖啡，于是便造就了如今驰名全世界的星巴克。

当然，随着时间的推移，星巴克也推出了蛋糕、面包，甚至都开始销售起杯子，但不得不承认的是，这是建立在已经进入用户心智的基础上。所以，从根本上来说，星巴克确实采取了正确的做法——先聚焦，再扩张。

试想一下，如果星巴克也和其他咖啡店一样销售各种各样的产品，还能有现在这样的知名度和影响力吗？答案是不言而喻的。实际上，在大量的同质化竞争中，盲目扩张品类不仅不会产生良好的效果，还会对品牌的形象造成严重影响。通常来讲，成功的品牌会把品类扩张当成徽章，而不是手段。

艾·里斯说："绝大多数公司想要的是什么？它们想要增长，要扩张。但是当你通过产品线延伸而扩张时，你就有可能稀释你的代表性。这种做法行不通的原因在于你必须要在人们心智中赢得胜利，而要在心智中赢得胜利，就需要一个狭窄的概念。"

如今，有些公司确实苦苦执着于销售量的"增长"与品类的"扩张"，但是在品类策略的价值体系中，这并没有太大的意义。只有先让自己的品牌在用户心智中赢得胜利，才是认知爆裂的至高原则。

三、认知爆裂工具三：品牌人格化

如今，品牌虽然具有比较强大的经济价值，但用户对其的信任程度已经越来越低，而且对于绝大多数用户来说，人的吸引力早就已经超过了产品的吸引力。于是，追求品牌人格化便成了一件必须要得到足够重视的事情。

对此，"罗辑思维"创始人罗振宇说："互联网时代，特别是移动互联网时代，品牌是基于人格魅力带来的信任与爱，是品牌的去组织化和人格化。"简单而言，品牌人格化就是将品牌进行拟人化、拟物化，从而实现品牌与用户之间情感化的沟通。那么，品牌人格化具体要怎么做呢？应该遵循以下几个步骤，如图5-9所示。

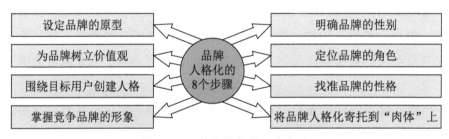

图 5-9 品牌人格化的 8 个步骤

（一）设定品牌的原型

简单来说，原型其实是某一个类型的通用版本，例如，"母亲"就是一种原型，但这种原型可以展现出很多不同的性格。美国学者玛格丽特·马克（Margaret Mark）和卡洛斯·皮尔森（Carol S. Pearson）根据4个人性动机——稳定、征服、归属、独立，将品牌的原型分为12个种类，具体如下。

（1）稳定型：创造者、照顾者、统治者；

（2）征服型：英雄、反抗者、魔法师；

（3）归属型：凡夫俗子、情人、弄臣；

（4）独立型：天真者、探险家、智者。

以独立型当中的"探险家"为例，"探险家"是自由主义者，喜欢运动、愿意尝试新鲜事物，希望自己是一个与众不同的存在，而且一直致力于在外部世界寻找与自己内在需求相呼应的东西。因此，如果你的品牌亲近大自然，可以给用户带来一种自由、放松、豁达的感觉，那就非常适合把"探险家"设定为原型。

在做品牌人格化的过程中，为品牌设定原型的目的是，为接下来的步骤奠定基础，即为品牌的价值观、形象、性别等提供一个参考框架。每个人身上都隐藏着多面性的性格，但是，人最主要的性格是由原型所主导的。

（二）为品牌树立价值观

价值观是品牌的根，也是品牌的灵魂，如果一个品牌连价值观都没有弄明白的话，那就很难继续进行下面的工作。在进行营销的过程中，以品牌为核心会产生各种各样的"创意"冲动，但这种"创意"冲动既是最需要的，也是最应该提防的。

不难想象，当"创意"冲动过多的时候，资产很可能无法随着时间慢慢增值，进而对品牌产生非常不良的影响。例如，有些品牌今年主打高贵、冷艳，明年就换成了搞笑、逗趣，作为普通用户的我们，能不能深刻理解这些品牌的价值观呢？答案无疑是否定的。

因此，要为品牌树立价值观，首先要找到一个方向，然后围绕这个方向持续地坚持，不断地重复，使其深深扎根在用户的心中。例如，可口可乐一直都在树立正宗、享受、快乐的价值观，赢得了一大批年轻用户的喜爱。

（三）围绕目标用户创建人格

对于品牌来说，除了要把自己包装好以外，还必须包装好目标用户。首先，品牌应该对目标用户进行深入了解，弄清楚他们的性格特征、行为习惯、表达逻辑、心理活动、话语体系等；其次，还要知道在所有的目标用户当中，谁掌握着绝对的话语权。

例如，在2017年的时候，一篇名为《你最恨的熊孩子们自称"黑界"，已经控制了QQ群聊》的文章在朋友圈刷屏，引起了广泛的关注和激烈的讨论。这篇文章的大致内容是："00后"通过QQ群组建了一个组织——"黑界"，它里面不只充斥着扣字、铁子、护我等只有他们自己能理解的术语，甚至还形成了非常明确的分工，如图5-10所示。

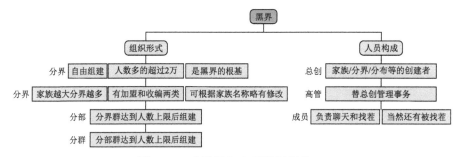

图5-10 "黑界"内部的组织分工

假设某品牌的目标用户就是"00后"，那么就有必要知道上面提到的这些术语。因为对于目标用户来说，品牌所使用的术语与自己越亲近、越一致，所以，就越具有吸引力。实际上，术语有时候就好像战争中的队旗、队服、队徽，具备标签化的特征，有利于在最短的时间内吸引一大批价值观相同的支持者，从而拉近和增强用户与品牌之间的距离和好感。

在进行消费的时候，绝大多数用户都更倾向于选择和自己人格一致的产品。这里所说的人格一致主要包括两种：一种是追求安全、高速、舒适等物质需求的现实人格一致，这会驱使用户选择定位"更加安全"的产品；另一种是追求尊贵、享受、精致等精神需求的理想人格一致，这通常会让用户选择定位"高端大气"的奢侈类产品。

对于品牌而言，创建人格就相当于贴标签，必须把自己的理想人格和现实人格都展示给目标用户。在这种情况下，品牌就应该提前想清楚，我的目标用户是谁，我要为他们提供什么样的人格？

（四）掌握竞争品牌的形象

了解了目标用户以后，接下来就需要对竞争品牌进行调研，正所谓"知己知彼，百战不殆"。如今，部分行业具有一定的特殊性，当中的品牌会越来越同质化。以茶行业为例，就有很多品牌的形象都非常相近，基本上都是围绕产地来建立的，例如，安溪铁观音、西湖龙井、云南普洱等。

所以，我们不妨试想，如果为品牌建立一个与竞争品牌不同的形象，是不是就可以吸引更多的用户呢？当然是。"小罐茶"就是一个非常典型的案例，区别于其他品牌围绕产地树立形象的做法，"小罐茶"的形象更加别出心裁，进一步强调8位制茶大师，从而给用户留下了深刻的印象。

Nike和adidas是运动领域中非常知名的两个品牌，在选择代言人的时候，这两个品牌往往更倾向于那些顶尖，有着不寻常天赋和强壮身体的运动员，例如，詹姆斯、梅西、贝克汉姆等。

但是，UA却反其道而行，选择了库里做代言人。库里的形象是什么？瘦弱、矮小、走着平凡道路、通过自己不懈的努力改变了肌肉对篮球运动的统治、保持着令人艳羡的三分纪录。这样的形象非常接地气，有利于让用户从中找到共鸣和希望。事实也证明，这样的做法非常成功，因为在库里成为代言人以后，UA不仅获得了良好发展，还一度超越了Adidas，成为仅次于Nike的全美第二大运动领域的品牌。

在建立形象的时候，并不一定非要与竞争品牌截然相反，具体要如何选择，还要结合其他因素，例如，价值观、人格、目标用户等。

其实很多时候，我们不应该把竞争品牌局限在同一个行业，还应该关注那些可以满足用户同样需求的品牌。例如，与百事可乐竞争的可能不只有可口可乐，还有其他饮料，与答案奶茶竞争的也不只有喜茶、一点点，还有星巴克、瑞幸咖啡等。

（五）明确品牌的性别

在做品牌人格化的过程中，明确性别是更为细化的一个步骤。众所周知，每一个人都有自己的性别，既然要把品牌打造成"人"，就应该明确其性别。不过，品牌的性别要更加广泛，可以是男性、女性，也可以是中性。

对于品牌而言，只有明确其性别以后，才可以决定要如何包装自己，是长头发还是短头发，是穿裙子还是穿裤子，是化妆还是不化妆。通常情况下，汽车、家用电器、游戏机等产品应该设定为酷炫、睿智、干练的"男性"；口红、眼影、镜子等产品应该设定为性感、温柔、细腻的"女性"；而企业服务、教育培训等产品则应该设定为"中性"。

当然，这也并不是意味着，如果是游戏机的话，就必须设定为"男性"。

我们也可以像前面说的那样，与竞争品牌形成巨大反差，突出自己的独特性和优势点，则很有可能会出现另一番风味。

最后需要注意的是，品牌的性别一定要与价值观和人格相符，假设是"男性"品牌的话，就不要总展现出一副娇滴滴的样子。不过，为了突出差异，"男性"品牌可以适当温柔一些，"女性"品牌也可以稍微硬朗一点，但不可以经常更换，必须一直保持下去。

（六）定位品牌的角色

定位品牌的角色就是找到品牌要对目标用户扮演什么角色，与目标用户建立什么样的关系，是达人、长者，还是朋友、老师等。举一个比较简单的例子，老师是一种以品牌为主导的关系，即品牌通过自己的知识储备为用户提供能力的提升，解决疑难问题。"罗辑思维"就是用户的老师，始终致力于为用户开阔视野，增长见识。

与"罗辑思维"不同，杜蕾斯的角色是达人。虽然提起杜蕾斯，我们首先想到的很可能是它的追热点营销，但如果进行深度分析的话就会发现，它更多的是以重度使用者的身份为用户传递非常实用的两性理论。

（七）找准品牌的性格

在很多情况下，同样的角色会拥有不同的性格，例如，老师可能是高冷的性格，也可能是逗趣的性格。品牌也是如此，即使角色相同，也要找准性格。至于具体是什么性格，就必须要考虑用户的喜好和偏爱，毕竟在用户眼中，性格就相当于品牌所具有的人格化特征。

在品牌面前，有很多种性格可以选择，例如，高冷、内向、逗趣、热情、亲切、可爱、正经、懒惰、勇敢、细心、正直、沉着、淡定等。以非常知名的"三只松鼠"为例，该品牌的主性格就是可爱，始终用一种卖萌的姿态与用户交流。

在为品牌设定性格的过程中，一定要以品牌的定位、价值观、形象为基础，同时还要结合实际的情况。另外，必须要注意的是，性格要与品牌所处的行业相一致，如果是教育行业的品牌，那就不能像杜蕾斯那样把自己打造成一个比较开放的"两性达人"。

第五章
爆裂开始：从用户心智认知开始

最后，性格的稳定性也非常重要，一个性格多变的人大都不会获得太多的喜爱，更何况是一个品牌呢？那些经常更换性格的品牌，不仅会让用户没有安全感，还会对自身形象产生严重影响，从而导致知名度难以提升。

（八）将品牌人格化寄托到"肉体"上

将品牌人格化寄托到"肉体"上就是最后一个步骤，主要目的是让前面几个步骤可以有一个着落点。这里所说的着落点可以是产品、创始人，也可以是特殊员工、理念、用户、吉祥物等。如果把理念当成着落点的话，品牌就需要寄托到精神上，例如，寿司之神的工匠精神、苹果的Think Different（不同凡响）等。

如今，在所有品牌人格化的着落点当中，创始人最为常用，也最为有效。众所周知，只要是品牌就都是抽象的，而创始人则不同，他是一个具象。所以，把品牌人格化寄托在创始人身上，就可以化抽象为具象，进而赢得更多用户的理解和喜爱。例如，聚美优品的陈欧、小米的雷军、格力的董明珠，就都将自己的气质和性格深深融入品牌当中，为品牌增添了一个人格化的光环。

吉祥物是一个非常经典的着落点，这方面的案例也有很多，像"三只松鼠"、天猫、京东狗、小度熊、熊本熊、小黄鸭等。实际上，有很多品牌都会创造自己的吉祥物，但是获得成功的简直是凤毛麟角，所以必须要谨慎选择。

很多品牌从一开始就被决定要让创始人或者吉祥物来当着落点，但基本上都以失败告终。之所以会如此，主要就是因为前面7个步骤的基础没有打好。实际上，着落点只是一个"肉体"，没有太大的意义，品牌真正需要重视的是前面7个步骤。

做品牌人格化的最终目标是让用户深刻感受到品牌的温度，并充分认可品牌的文化和价值。因此，在这一过程中，品牌必须知道自己要通过一种什么样的文化和价值去连接用户，与用户进行更加深层次的沟通和交流。

四、认知爆裂工具四：品牌名称

在创建品牌的过程中，品牌名称无疑是最具价值的隐形资产，而事实也证明,一个合适的品牌名称的确可以产生意想不到的效果。但是,从当前的商业现实来看,品牌名称的重要性已经被严重忽视。

从某种意义上讲,品牌名称是心智认知的钩子,可以将品牌挂在用户心智认知的品类栅格里,这不仅有利于进一步提升品牌的营销效率,还有利于帮助品牌长线降低成本。优秀的品牌名称应该与品类相关联,暗示产品属性,并引发高价值联想。

例如,原麦山丘(面包)、一条(短视频)、40秒(认识最疯狂的商业天才)、最强大夫(连接优质医生)、农夫山泉(天然矿泉水)、未来驾驶(新科技汽车媒体)等,都属于非常优秀的品牌名称。

(一)品牌取名称的几种误区

另外,品牌名称也是认知爆裂的一个工具,可以让品牌在激烈的市场竞争中抢占先机,还可以进一步增强品牌的溢价能力。但不得不承认的是,取一个合适的品牌名称并没有那么简单,如果不小心走进以下几个误区的话,就会使效果大大降低,如图5-11所示。

图5-11 品牌取名称时的误区

1.一味地追求含蓄和神秘

在古代,追求含蓄和神秘可以营造一种"犹抱琵琶半遮面"的感觉,但在品牌取名称的时候,这样的做法根本不可取。要知道,一个一见如故的品牌名称更容易获得用户的喜爱和认可,而那些不知所云、云里雾里的品牌名称,则很难引起太多关注。

实际上,在海量信息的不断冲击下,现代的用户更加喜欢简单、直接,

第五章
爆裂开始：从用户心智认知开始

对于那些弄不清、搞不懂的品牌名称，他们会自动过滤掉，不留一点情面。所以，我们取的品牌名称一定不可以太复杂，要尽量精练。

2. 无论如何都要"蹭名气"

"老干妈"火爆之后，有些品牌为了蹭它的名气，将自己命名为"老干爹""老干婶""老干娘""老干爸"等。这些品牌本以为自己也能立刻风靡中国，实际上却沦为广大用户的笑柄。同样地，周大福这一珠宝品牌出现以后，也接连出现了很多相似的品牌，例如，李大福、刘大福、周大宝等，如今也没有了任何声响。

实际上，在品牌取名称的过程中，"蹭名气"的行为随处可见。不过，这样的行为虽然可以在短时间内对用户产生影响，但效果并不长久，正所谓"骗得了一时，骗不了一世"。很多时候，"蹭名气"的品牌名称根本经不住市场的考验，而且这种不纯正的出身会严重阻碍品牌的成长和发展。

3. 一定要颇具"创造性"

取品牌名称的最大误区就是一定要颇具"创造性"。有些企业家为了展现品牌的高端、独特内涵，就选择一些看似很有"创造性"的字词来作为品牌名称，例如、叱石成羊、羴、鱻、壵、Naymz等。但是，这样的品牌名称不仅会让用户摸不着头脑，还会影响传播的效果和效率。因为当用户无法充分理解品牌名称的时候，根本不能留下深刻记忆，也就不能很好地将其传播出去。

品牌所做的全部前提活动，都是在为之后的营销做准备，而在当下这个移动互联网时代，营销的最终落脚点是口碑营销。试想，一个理解起来都非常困难的品牌名称，怎么能形成良好的口碑氛围呢？当然，这并不是意味着"创造性"就一点都不重要，只是没有把握好度，就只能起到反作用。

4. 不注重美感

随着时代的发展，社会环境与过去有了非常大的差异，用户的文化水平和审美情趣也越来越高。在这种情况下，如果品牌名称十分低俗、平淡，并且没有任何美感的话，就很难赢得用户的青睐。更重要的是，还会对后期的注册产生影响。

5. 出现错误也依然不回头

出现错误并不可怕,但出现错误不回头,依然大步向前走的现象则不应该提倡。有些品牌之前非常受欢迎,吸引了大量用户的支持,但后来因为某些原因成为负面形象的代表,遭到了强烈的抵制和吐槽。即使如此,这些品牌还是抱守残缺,坚持使用之前的名称,希望可以利用各种营销手段来挽回自己的形象。但是对于用户来说,放弃一个品牌要比坚守一个品牌更加简单。所以,如果品牌真的出现错误的话,除非有强大的实力和雄厚的资源,否则建议改掉名称,重新获得用户的信任。

(二)品牌取名称的几种方法

在品牌取名称的时候,首先应该注意的就是不可以走进上述的几种误区中。当然,只知道这些还远远不够,除此之外,我们还必须掌握品牌取名称的方法,最常用的主要包括以下几种,如图5-12所示。

图5-12 品牌取名称的方法

1. 功效法

功效法指在掌握产品功效的基础上给品牌取名称。该方法可以让用户通过品牌对产品功效产生理解和认同。例如,一个有"健脑益智"功效的营养口服液,其品牌名称就是"脑轻松";"高露洁""六必治",则是通过牙膏对牙齿的"健康清洁、防护治疗"功效来取的;为了让用户知道洗发水有"使头发更加飘逸柔顺"的功效,"飘柔"应运而生。

第五章
爆裂开始：从用户心智认知开始

使用了功效法以后，用户只要看到品牌名称，就可以充分感受到产品功效。诸如此类的还有"泻痢停""海飞丝""纤体""郁美净""感康"等。

2. 数字法

顾名思义，数字法就是把数字当成品牌名称，该方法可以借助用户对数字的联想效应，充分展示品牌的优势和特色。例如，日本著名便利店"7-11"就是利用营业时间从早上7点到晚上11点的特色而命名。相同的，"三九药业"的含义是"3个久"，即健康长久、事业恒久、友谊永久，表现出对自己和用户的祝愿。还有"001天线""三星""555香烟""不二家""361°""五芳斋""六个核桃"等，都是使用数字法的典型案例。可以说，使用数字法来取品牌名称，有利于进一步优化用户对品牌的差异化识别效果。

3. 价值观法

在使用价值观法的时候，需要先将品牌的价值观或者追求凝练为简洁的语言，然后再形成品牌名称。这一方法可以产生只要看到品牌名称，就可以感知价值观或者追求的效果。例如，"兴业"银行，充分展示了"兴盛事业"的追求；"同仁堂"借助品牌名称，强调"同修仁德，济世养生"的价值观；舒肤佳致力于"让用户的皮肤更加舒服"。所以，如果使用价值法给品牌取名称的话，有利于让用户迅速感知品牌的价值观和追求。

4. 形象法

形象法就是在品牌名称中加入形象，这个形象可以是动物、植物，也可以是自然景观。例如，"圣象"借助大象这一形象，向用户描绘了一个连大象都难以踏坏的坚固地板；"七匹狼"服装将"狼"加入进去，不仅营造了一种狂放、坚强、勇猛的感觉，还让用户联想到《与狼共舞》的电影。

另外，还有"途牛""飞猪""天猫""大白兔""迷鹿""网易考拉"等。借助动物、植物、自然景观等形象，可以让用户产生联想，获得一种亲切的感受，进而加快认知速度，优化爆裂效果。

5. 目标法

目标法需要将品牌名称与目标用户联系在一起，进而增强目标用户对品牌的信任感和认同感。太太药业是以生产与销售女性补血口服液为主业务的品牌，当看到这个品牌名称时，瞬间就可以知道其目标用户是那些在家里当"太太"的已婚女性。

除此之外，提起"太子奶"这个品牌名称，就马上联想到其目标用户是天真烂漫，被家人当作"太子"的儿童。与之相类似的还有"好孩子"童车、"乖乖"零食、"娃哈哈"儿童奶、"帮宝适"纸尿裤等。

"商务通"的目标用户是那些在商场上"叱咤风云"的企业家，因为该品牌名称与目标用户高度契合，所以创造了一个不可磨灭的品牌奇迹。由此可见，使用目标法来取品牌名称，不仅有利于获得目标用户的喜爱，还有利于大幅度提升传播效率。

（三）优秀品牌具备的特点

正确的方法可以造就优秀的品牌名称，但是很多时候，即使我们取好了品牌名称，也不知道应该如何去判断这个品牌名称是不是足够优秀。但通常情况下，一个优秀的品牌名称会具备一定的特点，如图5-13所示。

图5-13　一个优秀的品牌名称所具备的特点

1. 便于记忆

综观那些比较著名的品牌，其名称都朗朗上口，便于记忆，而且一般不会超过5个字。以2017年突然火爆起来的"拼多多"为例，"拼"与该品牌团购的性质相契合，"多多"是叠词，既朗朗上口，又便于记忆，而且还蕴藏着入驻这个品牌的产品进行团购可以得到更多优惠的含义。

另外，加入一些用户比较熟悉的事物也是增强记忆的一个好方法，而要是将事物与量词组合在一起的话，则会产生更加强大的效果。在这一方面，"三只松鼠"就称得上是一个非常具有代表性的案例。

第五章
爆裂开始：从用户心智认知开始

在"三只松鼠"中，"松鼠"是用户比较熟悉的事物，但是如果只有这两个字的话，很容易让用户产生误解，而且注册的时候也会非常困难。当增添了"三只"这个量词以后，有利于增加用户心智中的场景联想。

具体而言，在听到"三只松鼠"这个品牌名称以后，用户可以在第一时间联想到三只松鼠在吃坚果的场景。相应地，用户要是想吃坚果的话，也可以在第一时间联想到"三只松鼠"这个品牌名称，从而进一步加深品牌印象。

2. 自带卖点

一个优秀的品牌名称往往自带卖点，可以在很大程度上减少用户对于品牌和产品的了解成本。例如，"真果粒""果粒橙""鲜橙多"等品牌名称，就能够以最快的速度让用户知道，我们的产品含有丰富的果粒和新鲜的水果，使用的全都是真材实料。

接下来，以"鲜橙多"为例进行详细说明。在饮料种类还不是特别丰富的时候，"鲜橙多"作为橙汁饮料横空出世，并获得了非常迅猛的发展。之所以会如此，除了口味和品质过关以外，品牌名称也起到了特别大的作用。

"鲜"代表鲜美；"橙"意味着这是一款橙汁饮料；"多"则是指原材料放得多。综合起来，"鲜橙多"就是一款放了很多原材料，而且口感十分鲜美的橙汁饮料。这样的品牌名称不仅自带卖点，还非常容易吸引用户。

与"鲜橙多"风格相类似的品牌名称还有很多，例如，英国汽车品牌"捷豹"，利用品牌名称让用户深刻感受汽车的速度和力度；日本护肤品牌"雪肌精"，该品牌主要生产的是美白产品，而"雪肌精"就是向用户传达这样一个信息：使用了我们的产品，你就可以拥有像雪一样精致的肌肤。

3. 符合实际

在取品牌名称的时候，一定不可以脱离实际，要以品牌和产品为核心。试想，如果一个生产和销售花生油的品牌，为自己取了一个特别高端、文艺的名称，会产生比较好的效果吗？不仅不会，还容易让用户产生误解，有一种云里雾里的感觉。

总而言之，取品牌名称是一件非常重要的事，首先，要避免进入误区；其次，要掌握一些最常用的方法；最后，要根据特点来判断品牌名称是不是足够优秀。除此之外，还要在结合实际情况和市场需求的基础上适当发挥创意。只有这样，才可以达到"一鸣惊人"的效果，从而让品牌赢在起跑线上。

五、认知爆裂工具五：视觉锤

视觉锤最早由里斯父女提出，意思是强大的品牌通常会有卓越而差别化的主视觉识别图形来辅助。例如，耐克的钩子、被咬了一口的苹果、星巴克的绿色海妖、肯德基的老爷爷、依云的阿尔卑斯山等。一个绝佳的视觉锤会与语言定位相互配称，这也就意味着，如果语言定位本身就具备了非常强的画面感，那视觉锤也会自然的呼出。

劳拉·里斯深刻揭露了一个规律：语言钉影响用户的左脑；视觉锤影响用户的右脑，二者双管齐下，共同影响用户对品牌的认知。这里必须注意的是，视觉锤可以包含在常见的品牌视觉识别体系中，但常见的品牌视觉识别体系中未必会有视觉锤。

（一）视觉锤的作用

可以说，对于任何品牌而言，打造一把强有力的视觉锤，都是既经济又必要的做法。那么，视觉锤究竟有什么样的作用呢？具体包括以下几种，如图 5-14 所示。

1 聚集认知资源，吸引用户的注意力
2 促进传播效率的最大化
3 把认知变成事实

图 5-14　视觉锤的作用

1. 聚集认知资源，吸引用户的注意力

在当下这个信息大爆炸的时代，认知资源非常稀缺，于是就导致了这样

第五章
爆裂开始：从用户心智认知开始

一个局面：哪个品牌先赢得认知资源，哪个品牌就可以在竞争中占据有利地位，并在第一时间获取更多用户的支持和认可。视觉锤就可以通过对用户的视觉产生强烈刺激，从而将认知资源聚集在一起，吸引用户的注意力。

麦当劳的门店曾经有过一个非常成功的设计——两个金拱门拔地而起，营造出一种独特而大气的感觉。实际上，这个设计就充分借助了视觉锤的作用，由此产生的效果也是非视觉信息难以匹敌的。

视觉锤通常会以创意的形式表现出来，而且任何人都可以成为视觉锤的创意者。在超市的啤酒货架上，"莱宝鲜啤"似乎是一个非常不寻常的存在，其不锈钢材质的瓶身与那些棕色系的玻璃瓶身显得格格不入，但正是因为这样，"莱宝鲜啤"才可以从众多产品中脱颖而出，抓住用户的眼球，如图5-15所示。

图5-15　"莱宝鲜啤"

从某种意义上讲，不锈钢材质的瓶身就是"莱宝鲜啤"的视觉锤，只要用户在超市货架上看到过，以后再提起啤酒和不锈钢材质的瓶身，肯定会想起"莱宝鲜啤"，这就是视觉锤的强大作用。

2.促进传播效率的最大化

据美国心理学家艾伯特·梅瑞宾的调查显示，利用非语言进行的人际沟通已经达到了93%。在这之中，有55%是通过面部表情、形体姿态、手部动作等肢体语言进行的，剩下的38%则是通过音调高低进行的。

由上述调查可知，在当代社会中，非语言已经变得越来越重要，所发挥的作用也比之前强大。当然，对于品牌来说，非语言同样非常关键，不仅是进行营销的一个极其可贵的触点资源，更是帮助品牌战胜其他品牌的"有力武器"。

在很多时候，语言钉和视觉锤都会保持分工合作。前者可以占据用户的心智，后者可以帮助用户更好地识别品牌。不过，视觉锤的作用又不仅限于识别，还可以成为长久以来被广大品牌遗忘的，提升传播效率的另一个有效手段。

3．把认知变成事实

为了强调认知的重要性，营销圈里流传着这样一句话"认知大于事实"。对于南孚的"聚能环"，网上有很多议论，很多用户都想知道这个"聚能环"究竟有多大威力，是不是真的有助于提高电量的持久性？但是，用户毕竟不是科学家，没有办法了解事实，弄清真相。当然，对于用户来说，事实和真相也并没有那么重要，因为只要一提到电量持久的电池品牌，他们还是会不自主地想到南孚，进而产生购买行为。

实际上，事实是所有用户脑子里共同认知的"事实"，而要想形成事实，必须把少数用户的认知扩大成多数用户的认知。不过，这里必须承认的是，把这件事做好并没有那么简单，因为让多数用户认知并相信一个品牌的说法需要付出很大努力。

通常来讲，如果把一件事情重复说上上百遍，肯定会有很多人相信，但是效率实在太低。要想让更多人更快、更确切地相信，那就需要拿出"证据"，将这件事情变成真正的"实锤"，从而进一步增强人们的认可程度。

在南孚的广告中，电量持久已经被说了上万遍，但不得不承认的是，电量是一个虚无缥缈的概念，看不见也摸不着。于是，为了获得用户的信任，南孚就创造了一个实实在在的"证据"——视觉锤。具体来说，在广告图中突出电池底部的"聚能环"，为用户营造一种电量更加持久的感觉，如图5-16所示。

由此可见，要想让品牌留在更多用户的心里，"说"是一项必要的工作，但更关键的是，加上一个能够充分表达事实的视觉锤。在视觉锤的助力下，品牌就可以有一个展示自己的"证据"，用户也可以在更大程度上对品牌产生信任。

第五章
爆裂开始：从用户心智认知开始

图 5-16　南孚的视觉锤——广告图

（二）打造视觉锤的要素

视觉锤对于品牌的重要性已经不言而喻，而从目前的情况来看，视觉锤已经成为各大品牌争相发力的关键点。那么一个好的视觉锤究竟应该如何打造呢，需要从以下几个要素着手，如图 5-17 所示。

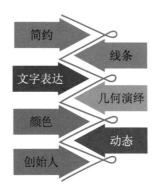

图 5-17　打造视觉锤的几个要素

1. 简约

一个简约的视觉锤不仅能够迅速吸睛，方便用户的记忆，也容易进行大规模、普遍性的推广。耐克在视觉锤的设计上就做到了极致的简约，深受用户的欢迎和喜爱。而且在耐克的崛起中，视觉锤也起到了无可替代的作用。

耐克的视觉锤在形态上单纯精练，在结构上简约明确，以"对钩"为核心完成了一次几乎完美的演绎。同时，耐克的视觉锤也有着美好的寓意，象征着胜利女神翅膀上的一支羽毛，让用户感受一次轻柔、轻快、灵动的体验，如图5-18所示。

图5-18　耐克的视觉锤

通过如此简约但寓意丰富的视觉锤，耐克的运动系列产品打响了名声。在后期的发展过程中，耐克也坚持精益求精，不断用新科技来提高产品的舒适性与稳定性。在用户心中，耐克俨然已经成为高质量运动鞋与运动装的代名词。

2. 线条

在打造视觉锤的过程中，线条也是一个不可忽略的要素。对于象征外型艺术而言，线条是最精粹的展示渠道。实现线条的图形化并剔除多余的部分，能够使信息的表露更加清晰明确，从而给用户留下深刻的印象。

线条一般有两种形式：一种是直线；另一种是曲线。直线代表理性，有着无限的张力和活力，充满着浓烈的现代意味。曲线代表感性，有着良好的弹性和饱满的线条，不仅显得非常柔软，也显得非常高雅，能够让用户心情放松，感受到生活的温度。

在线条要素上，阿迪达斯的视觉锤与耐克背道而驰，采用了更加典型的直线设计，为自己增添了一些现代意味。总而言之，阿迪达斯的视觉锤可以充分展示出作为一个运动品牌应有的清晰简练和爽快锋利，如图5-19所示。

图 5-19　阿迪达斯的视觉锤

线条的不同形式可以传达不同的情绪，在设计或者更新视觉锤的过程中，首先必须要明确产品的定位及用户的定位，然后在此基础上设计出既符合品牌形象又能够得到用户青睐的视觉锤。

3. 文字表达

视觉锤也可以适当加入文字表达。通常情况下，文字是品牌最直观的表达，视觉锤利用文字进行表达时，要善于运用文字与图形之间的关系。一般来说，常用的文字表达方法有 4 个，即图文替换法、文字裁切法、位置移动法和文字变形法。通过这些方法，品牌可以加深用户对自己品牌的第一印象。

当当网在文字表达方面就做得极其出色。在打造视觉锤的时候，当当网使用了上面提到的文字变形法，将"当当"这两个标准的方块文字转化为有弧度的、俏皮可爱的变形文字。变形以后，"当当"就仿佛两个串联在一起的铃铛，发出悦耳清脆的"当当"响声。这样的视觉锤会显得更加形象生动，进而给用户留下深刻印象，如图 5-20 所示。

由图 5-20 可知，除了变形的"当当"以外，还有一句标语——"敢做敢当当"，这句标语可以体现出当当网是一个具有责任感的品牌，同时也直接突出当当网诚信经营、真心服务广大用户的事实，最终促进知名度和影响力的大幅度提升。

图 5-20 当当的视觉锤

4. 几何演绎

视觉锤打造要注重几何演绎。所谓几何演绎,就是将常规的几何图形进行形态的演变、色彩的演变或者 3D 效果的演变,进而达到增强记忆的效果。

世界上所有的事物,无论有多复杂,经过系列的分解都可以划分为最基本的几何图案。在打造视觉锤的过程中,也要利用几何演绎的方法,充分发挥灵活性和创造力,从而突出品牌应有的效果。

一般来说,常规的几何图形有圆形、方形、三角形等。其中,圆形代表着爱和能量,常被认为是和谐的象征;方形代表着稳重和信任,被认为是平等的象征;三角形则代表着平静和安全,并被赋予了先锋的含义。

在几何演绎方面,苹果的视觉锤是一个非常经典的存在。从 1976 年起,苹果开始对自己的视觉锤进行不断更新,而且每一次改变都是一次巨大的突破,可以不断为苹果注入新的活力和生机,如图 5-21 所示。

图 5-21 苹果的视觉锤更改过程

第五章
爆裂开始：从用户心智认知开始

由图 5-21 可知，第一个视觉锤的灵感来源于牛顿发现万有引力事件，虽然这样的设计富有历史韵味，但从视觉锤角度来看却显得过于繁杂。于是，乔布斯雇用新的员工，打造出兼具创意与现代感的新的视觉锤——"被咬了一口的苹果"。

另外，为了突出特性，在 1977—1998 年，乔布斯特意为"被咬了一口的苹果"加上色彩斑斓的横向条文。后来，随着时代的发展和观念的更新，苹果的视觉锤逐渐走向极致的简约，从而进一步体现出苹果对品质、品牌、高科技的不懈追求。

5. 颜色

颜色可以成为非常有效的视觉锤，但是最基础的颜色只有 5 个：蓝、绿、黄、橙、红，所以要想实现差异化并不是一件非常简单的事。即使如此，我们也还是可以找到一些非常有效的做法，主要包括以下几种。

（1）名称、口号、视觉锤一致才有利于品牌的推广和传播。而且与多样化的颜色相比，单一的颜色更容易让用户记住。试想，如果苹果没有更改视觉锤的话，还能发展到今天这个地位吗？估计很难。

（2）如果品牌率先控制了某个品类，那就可以通过占领某个特定颜色来建立自己的形象和声誉。例如，蒂芙尼占领了蓝色，向用户传达优雅和真实；柯达占领了黄色，宣示自己在传统胶卷行业的绝对地位。当然，要是所有品类都已经被其他品牌控制了的话，你就可以为产品"涂"上与众不同的颜色，创造一个潜在的视觉锤。

玫琳凯是一个以生产和销售化妆品为主业务的品牌，创始人是玫琳凯·艾施，该品牌在很早之前就利用颜色打造了一个非常好的视觉锤。具体来说，1968 年，玫琳凯·艾施购买了一辆凯迪拉克，并为其喷上了一层粉红色的漆，以便使自己的品牌得到更加广泛的推广。通过这样的做法，每当用户提起这个品牌的时候，要先想到的就是粉红色。

6. 动态

据相关资料显示，与静止的视觉锤相比，动态的视觉锤要更加有吸引力，对销售量的提升也具有更加良好的效果。之所以会如此，主要是因为视觉激活的是大脑的右半侧,是主管情感的一侧;语言激活的是大脑的左半侧,是主管理性的一侧。这也就意味着,视觉具备情感的力量,更容易被用户记住。

为了突出含有四分之一乳液这一个事实,多芬为自己的香皂打造了一个动态的视觉锤——一只手正在将乳液倒入一块多芬香皂中。在这之后,多芬拥有了24%的香皂市场份额,顺利成为一个领导品牌。

此外,为了强调"一块巧克力包含两杯牛奶",吉百利也打造了一个动态的视觉锤——把两杯牛奶倒入一块巧克力当中,如图5-22所示。

图 5-22　吉百利的视觉锤

由此可见,无论是多芬还是吉百利,打造出的视觉锤都具备动态性,这样的做法不仅可以带来眼见为实的吸引力,还可以通过动态的具象将品牌定位传递给用户。

7. 创始人

如果想提升品牌的知名度和影响力,把创始人变成视觉锤也是一个不错的选择。现在很多品牌也确实是这样做的,例如,提到锤子手机,就想起罗永浩;提到"罗辑思维",就想起罗振宇;提到格力,就想起董明珠等。

把创始人变成视觉锤有两个方面的好处:一是创始人自身会引起外界好奇;二是品牌获得等量甚至超过创始人价值的外界好感和评价。在所有的威士忌品牌中,杰克丹尼无疑是销售量最高的一个。该品牌的视觉锤就是创始人杰克丹尼,通过视觉锤反复的捶打,杰克丹尼已经成为"以父辈7代传承的手艺酿造的威士忌"。

对于品牌而言,视觉锤的作用是优化语言钉的效果。只要找到了品牌定位,明确了产品诉求,就必须对用户的视觉进行持续捶打,并通过线条、颜色、创始人等要素建立品牌的差异优势,迅速抢占认知先机。

随着产品同质化趋势的不断加强,视觉锤已经成为一个非常重要的营销工具,该营销工具不仅可以增强用户对品牌的延展认知,还可以对用户的消费决策产生深刻影响。不过,这里必须注意的是,视觉锤并不是营销的最终目标,只有先把语言钉的作用发挥到极致,才有利于充分展示品牌的特性。

六、认知爆裂工具六:内容运营

随着互联网的进一步发展,内容运营对于认知爆裂的重要性不断增强。因此,任何一个品牌都应该顺应新时代,将内容运营这项工作仔细认真地做好。那么,具体应该从哪几个方面入手呢?如图5-23所示。

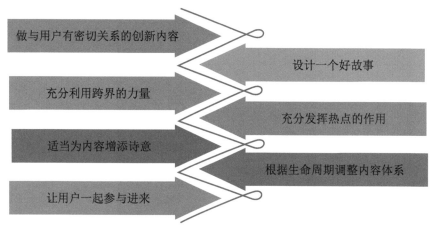

图5-23 做好内容运营的几个方面

(一)做与用户有密切关系的创新内容

在看到杜蕾斯、支付宝、小米借助内容运营取得成功之后,一些品牌也开始效仿起来，但其中的绝大部分都是东施效颦，根本没有进行深层思考。一般来说，与用户有密切关系的内容可以分为3个方向。

有用：用户都喜欢有用的内容，这是一个毋庸置疑的事实。例如，"罗辑思维"将具有价值的知识和技巧收集在一起，形成有用的内容分享给广大用户。

有价值观：有价值观的内容不仅可以感染用户，还可以帮助用户找到志同道合的朋友，从而使其变得越来越优秀，越来越活泼。

有趣：有趣的内容极具传播性，可以成为用户茶余饭后的谈资，帮助用户在无聊的时候获得开心、愉悦的体验。

当然，除了与用户有密切关系以外，内容的创新性也非常重要。因为新时代的用户更加喜欢标新立异、凸显个性。

2016年，一款名为"鸭鸭惊"的鸭脖在微博上火爆起来，之所以会出现这种情况，主要是因为"鸭鸭惊"每天都会通过微博发布宣传图片，不断强化用户的记忆。在"鸭鸭惊"的宣传图片上，有一句口号和一袋产品让人记忆深刻，如图5-24所示。

图5-24 "鸭鸭惊"宣传图片

这句口号是整张宣传图片的精髓，拥有着双重特性，前半部分吐槽而后半部分又非常温暖。可以说,在口号的助力下,"鸭鸭惊"向用户传递了快乐的正能量,被称为"鸭脖界的灵魂导师",与此同时,啃鸭脖也成为深受用户追捧的心灵治愈方式。

除了每天通过微博发布宣传图片以外,"鸭鸭惊"还会推送创意广告视频。借助这些创意广告视频,"鸭鸭惊"对年轻用户在生活、工作、学习、情感上的困扰与烦恼进行描述、总结,充分强调了"生活再不易,你也可以吃个鸭脖压压惊"的核心。

借助微博进行内容运营,"鸭鸭惊"获得了广大用户的支持和关注,并在短时间内树立起正能量、"鸭脖界灵魂导师"的形象。不仅如此,"鸭鸭惊"还通过"吃个鸭脖鸭鸭惊,一鸭一鸭哟"的广告语弘扬了乐观、积极的生活态度,为自己建立了良好的口碑。"鸭鸭惊"之所以能够迅速走红,主要还是因为其洞悉了年轻用户在拼搏奋斗过程中的艰辛与不易,并通过极富创意的内容来进行宣传。

另外,"吃个鸭脖鸭鸭惊,一鸭一鸭哟"的广告语有一定的洗脑功能,使得用户在生活中遇到问题和麻烦的时候,可以不由自主地想起来并自动接上一句"一鸭一鸭哟"。例如,你今天要完成一项非常困难的工作,当压力达到顶峰以后,就会自然而然地哼一句"今天我要加油,先吃个鸭脖鸭鸭惊,一鸭一鸭哟"。

事实证明,与用户有密切关系的创新内容让"鸭鸭惊"取得了非常良好的效果主要表现在3个方面:首先,知名度和影响力有了大幅度提升;其次,激发了用户的共鸣,使内容可以大范围传播;最后,夯实了用户的认知基础,进一步加深了用户的记忆。

(二)设计一个好故事

好故事最容易打动用户,实际上,仔细分析会发现,经典的电影都有一个接近标准的英雄式故事模板。这些电影往往以一个不起眼的人物作为主人公,开始过着平静顺利的生活,不久便因为某些意外被牵涉到一场困难中,他恐惧,但不得不迎难而上,中途似乎克服了困难,但后面还会有一个或者几个更大的困难等着他,而在他马上就要绝望的时候,又会出现转机,帮助他获得最后的胜利。

当英雄式故事模板被披上不同的"衣裳"以后，就会变成各种各样的新故事。其实，很多情况下，故事符合个体自身成长的诉求，所以用户在浏览故事的时候会将自己带入进去，从而体验与主人公相同的奇妙感受。

任何一个品牌都需要解决问题，但在这一过程中，千万不要去介绍你的企业，而是应该去介绍你在解决什么问题，然后通过问题引发故事。一般来说，最引人入胜的叙述结构中都会有大量的隐喻，因为这有利于让用户踏上一段完美的旅途。

对于这段完美的旅途来说，最重要的是找到从哪里开始、在哪里转折、如何解决可能会出现的问题以及到哪里结束。与此同时，还要想一想用户对你的故事已经有了哪些了解、这个故事是不是会受到用户的喜爱。

社交媒体兴起以后，已经涌现出很多会设计故事的品牌，例如，西少爷的肉夹馍、雕爷的牛腩、黄太吉的煎饼等。姑且不说其产品是否足够美味，但这些品牌所传达的故事，确实非常具有吸引力。但必须注意的是，故事不能胡编乱吹，一定要以品牌、事实为基础。如今，那些自然、真实、有情感的故事，反而更能够打动用户，激发强烈的共鸣。

设计一个好故事，不仅可以形成品牌的调性，还可以帮助品牌剔除内容运营中的"噪声"。在这个内容为王的时代，品牌如果不抓紧上车的话，只能被残忍地抛弃。另外，对于品牌来说，设计"好故事"也许远远不够，还必须要"设计好"故事。

在设计故事方面，宜家家居就做得非常出色，由其设计的故事不仅可以迅速击中用户的心灵，还可以扩大品牌的宣传力度。宜家家居的故事大致是这样的：母亲带着年幼的儿子去购买家具，儿子却表现出过人的成熟，例如，他能够辨别桌面的质感、会巧妙地与高颜值员工搭讪、可以用银行卡替母亲埋单等。但是，当儿子坐到驾驶座以后，我们才会发现儿子已经是一个成年人，之前的种种场景全部都是母亲自己想象出来的。

借助上述故事，宜家家居向用户传达了"有些东西若能一直不变该有多好"的理念。正如在父母眼中，无论孩子的年龄有多大，他永远都是一个孩子。宜家家居以此为切入点，引申到产品价格永远不会改变这一事实。

（三）充分利用跨界的力量

跨界是当下最常用的一种营销手段，在进行内容运营的时候，也应该充分利用跨界的力量。

对于很多网红品牌来说，"一炮而红，一下就死"似乎已经成了不可逃避的宿命，而喜茶却是与众不同的一个。当初，虽然喜茶一夜爆火，但并没有在爆火之后迅速陨落，反而不断进行融资与扩张，将自己打造成奶茶行业的一个领导品牌。追根究底，这与其独特的内容运营有着千丝万缕的关系。

在内容运营方面，喜茶的风格更加倾向于清新与古风，充满了浓浓的文艺气息，而且还与其他品牌实现了跨界合作。为了凸显品牌的特性和形象，同时也是为了加深用户的第一印象，喜茶推出的内容集清新、古风、文艺于一体。

以"曲院风荷"系列为例，其具体内容是这样的：听说，夏日一定得来这儿赏荷。于是，我决定待夏日和风徐徐吹来的时候，手握一杯绿茶，茶香伴着荷香，袅袅来到湖边。人从桥上过，如在荷中行。好像走进了一幅画里，一个不小心，还装饰了别人眼中的美景。

不难看出，上述内容既不扎心也不煽情，主要是通过营造优美的意境来打动用户的心灵。而且这种风格的内容完全符合喜茶的调性，达到了相得益彰的效果。更重要的是，用户也愿意通过社交平台将其分享出去，从而进一步扩大传播范围。

除此之外，喜茶也乐于利用跨界的力量，而且每一次都能够擦出"火花"，进一步促进用户对品牌的宣传和推广。在2017—2018年耐克高中篮球联赛巅峰赛期间，喜茶与耐克联合推出一款联名杯套，而且只要身上穿着"耐克热血助威TEE"，到北京三里屯喜茶门店就可以立即获得一张喜茶赠饮券。这次跨界不仅非常有趣，还精准触达了目标用户，达到"圈粉"效果的最优化。

喜茶的跨界不止于此，还在2018年和美图秀秀共同开展了一场全方位的跨界。在此期间，喜茶的杯套及会员卡都变成了"表情包"，达到了流量收割的效果。从某种意义上来说，喜茶的"表情包"也可以看作内容运营，如图 5-25 所示。

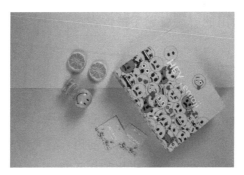

图 5-25　喜茶的"表情包"

无论何种跨界，喜茶追求的都是趣味、灵感、禅意的兼具。而且通过这些跨界，喜茶也在目标用户面前刷足了存在感，促使他们进行更大范围的宣传与推广。

（四）充分发挥热点的作用

2018 年夏天，"创造 101"成为最火爆的综艺节目之一，里面的选手王菊更是屡次登上"微博热搜榜"。鉴于此，各大品牌纷纷攻占热点，借王菊的知名度为自己疯狂"打 call"。中华牙膏就是其中较为典型的一个案例。

2018 年 5 月 30 日，中华牙膏官微发布了一条与王菊有关的微博，巧妙地蹭到了王菊这一个大热点。这样的做法不仅使中华牙膏官微的粉丝数量有了大幅度增加，还使流量达到了爆棚的状态，如图 5-26 所示。

图 5-26　中华牙膏官微发布的微博

由此可见，中华牙膏的热点营销非常到位，尤其是其旗下的产品高山白菊款牙膏，使用"清润降火、满口菊香"这一广告语大幅度提升了用户的好感。对于王菊来说，次数越多的宣传、覆盖面越广的资源，都意味着更高的晋级概率。而对于中华牙膏来说，为王菊"打 call"就是立于流量风口，注定能够引爆流量。

实际上，进行热点营销的难度并不大，但需要品牌在战略上具备高度的敏感性。与此同时，品牌还应该结合自己的定位，对用户的需求进行及时响应，进而打造出令用户欢呼雀跃、心满意足的内容。

（五）适当为内容增添诗意

在当下这个快节奏的社会，诗意的内容似乎已经成为稀缺资源，而正是这样的稀缺资源，受到了广大用户的喜爱和追捧。所以，在进行内容营销的时候，适当为内容增添诗意也是一件必须要做的事情。

如果把长安马自达看成"马"的话，肯定是一匹正在加速道上为实现自己的卖车梦想而疾驰的"马"。这匹"马"凭借不断提升的综合实力、引人注目的向上态势，不断刷新着销售纪录。2017 年，销售量达到 124238 辆，比 2016 年增长了 35.7%，在国内汽车行业增长颓靡的状态下，这样的数据绝对"跑"在了最前端。

"以梦为马，不负韶华"是长安马自达昂克赛拉的广告语，取自诗人海子的著名诗篇《以梦为马》中广为流传的一句："以梦为马，以汗为泉，不忘初心，不负韶华。"在这里，"马"是指像马一样稳重、坚定，我们也可以将其理解为，把自己的梦想作为前进的方向和动力，如图 5-27 所示。

由图 5-27 可见，长安马自达把"以梦为马"中的"马"换成了昂克赛拉的车型，这不仅让内容多了一些创意，又充分体现出昂克赛拉是一款非常稳重的汽车。后半句"不负韶华"与下面的"一路青春，陪伴左右，始终懂得你的坚持"相呼应，再一次升华了内容的主题，并为内容增添了不少诗意。

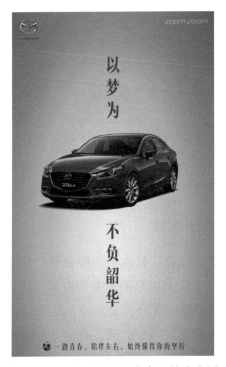

图 5-27　长安马自达昂克赛拉的广告图

（六）根据生命周期调整内容体系

任何一种产品都有生命周期，品牌也是如此，而且对于品牌来说，不同的生命周期应该有不同的内容体系。在这种情况下，我们就需要根据品牌的生命周期，对内容体系进行调整。一般来说，品牌的生命周期可以分为3个——导入期、成长期、成熟期。

（1）导入期应该利用内容来提高品牌的知名度和影响力，所以最重要的任务是抢占用户的心智，让更多用户知道你的品牌。

（2）成长期应该利用内容来提高品牌的美誉度，所以在设计内容时应该强调产品的优势和价值，以便使用户黏性得到大幅度增加。

（3）成熟期应该利用内容来提升用户对品牌的忠诚度，到了这个生命周期，很多用户都已经知道你的品牌，但是你仍然需要给予用户提醒，进一步加深品牌印象。

（七）让用户一起参与进来

小米联合创始人黎万强写过一本名为《参与感》的书，这本书就详细解释了让用户一起参与进来的重要性及具体做法。通常情况下，内容创作有两种类型：一种是用户生成内容（UGC）；另一种是专业生产内容（PGC）。但从现阶段而言，很多品牌都只关注后者，而忽略了更加重要的前者。

要想进行效率更高的内容运营，让用户一起参与进来是一个非常不错的选择。那么，我们应该如何让用户一起参与进来呢？可以有很多种方式，主要包括设计互动、开放参与节点、扩散口碑等。例如，当某奶茶品牌推出一款新品以后，可以邀请忠实用户为这款新品取名称、做测评，这些过程全部都可以作为内容输出。

在进行内容运营的时候，要让用户一起参与进来，为其营造一种带有温度的参与感，最终实现品牌与用户的共同成长。

随着互联网，尤其是移动互联网的发展，用户与品牌之间的关系发生了一些改变。这主要表现在"移动＋社交媒体"的出现，用户第一次与品牌可以通过"关注"按钮形成真正意义上的闭合。

从本质上来看，移动的属性是人类器官的延伸；人类的属性是社交；移动互联的属性是人类与人类的社交连接。因此，用户与品牌的连接，以移动互联社交平台为基础，在"关注"式连接上有了物理上的落脚点。

如果说传统品牌营销的焦点是通过推广，建立认知转化，获得成交。那么新时代品牌营销的焦点则变成了建立连接，获得用户，进而转化。而要想建立用户与品牌的连接，输出内容，完善内容运营是最佳的做法。

七、认知爆裂工具七：产品包装

在挑选产品的时候，先映入用户眼帘的绝对是产品包装，所谓"人靠衣服，马靠鞍"，产品也需要一件可以吸引用户的"衣服"。不难想象，当用户看到非常精美的产品包装以后，肯定也会情不自禁地对产品产生好感。

通过晕轮效应可以知道，用户往往会把对产品包装的印象转移到产品质量上来。这也就意味着，在用户眼里，产品包装越精美，产品质量越有保证。因此，对于品牌而言，产品包装是一个不可忽略的关键点。一般来说，产品包装主要有以下3个作用：

（1）保护产品，将产品完好无损地送到用户手中；

（2）进一步提高竞争力，与同类产品形成区隔；

（3）吸引并指导用户购买，提高产品的销售量。

由此可见，产品包装确实非常重要，但是不得不说，一些品牌，尤其是初创品牌，可能不知道如何设计好产品的包装，所以必须要学习与之相关的技巧，具体包括以下几个方面，如图 5-28 所示。

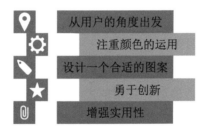

图 5-28　产品包装的设计技巧

（一）从用户的角度出发

一个好的产品包装必须能够激起用户的消费欲望，促进消费行为的形成。在很多时候，能否激起用户的消费欲望，是衡量产品包装是否足够好的一个重要标准。对于产品包装而言，用户的支持和认可是最大的嘉奖，而要想获得这一嘉奖，就必须考虑各个方面的因素，从用户的角度出发，使最终的设计效果可以达到最优程度。

通常情况下，用户对不同类别的产品有着不同的诉求点，而这一不同也应该体现在产品包装上。例如，高档产品的设计风格就应该区别于低档产品；功能性或者医药类的产品应该与日用型产品有不一样的包装。只有这样，才可以让产品吸引到相应的用户，从而大幅度提高购买率和复购率。

在时尚界，巴黎欧莱雅每次推出新的化妆产品时，都会选择最优秀的设计团队为其设计一个高度精美的包装。据相关数据显示，这个包装的费用成

第五章
爆裂开始：从用户心智认知开始

本在总成本中的占比已经达到甚至超过了70%。不仅如此，在互联网上进行宣传和推广的时候，为了让用户获得美的享受，巴黎欧莱雅也会请顶尖的美工为产品的图文进行设计和优化。

巴黎欧莱雅的精美包装，可以让爱美的时尚女性用户感受到产品的高贵和安全的质量，从而最大限度激发她们内心的消费欲望。

通过对产品进行更加细致的包装，可以进一步突出品牌的差异性和独特定位。一般来说，只要用户能够接受并从内心认为产品非常完美而且无可替代，那么包装就能够为产品筑造一堵非常坚实的墙，从而让产品真正地拥有光环，成为众多用户购买的第一选择。

（二）注重颜色的运用

在设计产品包装的时候，颜色的运用不能停留在传统的理解认知上。举一个比较简单的例子，以前为了充分激发用户的食欲，食用类产品通常会选择暖色调，但"趣多多"则一改常态，运用了传统工业包装设计中的蓝色，如图5-29所示。

图 5-29 "趣多多"的蓝色包装图

同样地，还有"怡口莲"的紫色，以及"汰渍"洗衣粉的橘色。在这样的设计下，用户不仅有了更加深刻的第一印象，还会将产品和品牌形象牢牢地记在心里，进而促进销售量的提高。

另外，要想把颜色运用好，还要注意纯度。通常来说，纯度越高的颜色，就越能对用户产生吸引力。而且从视觉角度来说，鲜艳明快的颜色比冰冷灰暗的颜色更加受用户的喜爱。最后需要注意的是，颜色种类一定不能过多，最常见的就是两种颜色相匹配，就像Gaffel啤酒的瓶子那样，如图5-30所示。

图5-30　Gaffel啤酒瓶

（三）设计一个合适的图案

在产品包装上，图案是必不可少的一部分。加入图案以后，可以让产品更加形象、生动、有趣。设计图案的时候，应该充分借助视觉效应让用户产生丰富的心理联想，牵动用户的情感，激发用户的购买欲望。

茶叶是一款民族性极强的产品，如果要为其设计图案的话，可以选择一些类似于中国画、装饰纹样、吉祥话语、民间剪纸、少数民族图腾等具有民族文化气息的传统图案。这样的图案可以充分表现茶叶的传统性，如图5-31所示。

当然，因为时代在进步，所以我们也不能仅仅停留于拷贝和照搬一些传统图案，还应该将传统艺术上的传情、含蓄、细腻等审美特点融入其中。例如，在设计茶叶包装的时候，把传统图案的运用与简化、夸张、对比、打散、穿插、扩散等现代设计手法组合起来，使其在具有民族特性的同时又不失现代感，从而焕发出更加迷人的风采。

第五章
爆裂开始：从用户心智认知开始

图 5-31　带有中国画的茶叶包装图

（四）勇于创新

很多品牌都希望设计出独具魅力的产品包装，而要想使其成为现实，就必须在把握产品属性的基础上勇于创新。这里所说的创新指打破常规，不因循守旧。例如，同类产品的包装，颜色越相近就越难让消费者区分。而要是运用了与众不同的颜色，那就很可能会在第一时间获得用户的关注，并使用户产生记忆点。

当然，我们也不能为了创新，对颜色进行胡乱的使用和搭配，还是要以美感和协调为基础。此外，在图案设计方面，我们不能崇洋媚外，也不能闭门造车。要知道，只有那些具备民族性的艺术风格，才是真正属于世界。例如，中国的绘画艺术、丝绸制作都可以拿来使用，但一定不要照搬照抄，必须有所创新。

实际上，产品包装的载体和工艺也需要创新。载体方面，品牌应该多关注更符合环保理念的绿色无污染包装；工艺方面，需要对造型进行进一步调整，例如，把儿童产品的包装设计得更加卡通化、形象化。

总而言之，要想提高产品包装的诱惑性和感染力，就必须不断创新，持续注入新的文化内涵，让产品包装家族的新成员、新花样变得更加丰富。"三只松鼠"在秉承用户至上原则的基础上，凭借朝气暖萌的包装设计，俘获了一大批用户的心，如图 5-32 所示。

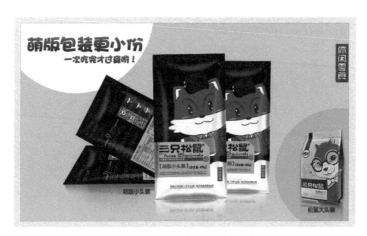

图 5-32 "三只松鼠"的包装图

我们必须承认，在当下这个移动互联网的时代，传统包装设计已经无法满足用户的视觉化猎奇体验。很多时候，包装有新意、产品有内涵、品质有保证才是用户恋上产品的主要原因。其中，包装有新意只是用户恋上产品的一部分原因。

从创立那一天开始，"三只松鼠"就缔造了坚果品牌界的神话。那么，它是如何在较短的时间内获得进步与超越并重、领先与传奇兼备的发展呢？其实，大部分用户会优先选择"三只松鼠"，不仅与其"潮萌"的品牌定位密不可分，还与其精致优雅的包装设计有很大关联。

"三只松鼠"有什么特别之处？与阿明等传统坚果品牌相比有何优越性？与壳壳果、每日坚果等新兴坚果品牌相比又有什么样的差异？实际上，这些问题的答案可以有很多，但用户更加喜欢"三只松鼠"的包装肯定是其中的一个。

"三只松鼠"最贴心的设计是使用了双层包装，外层是防水牛皮纸，内层是真空铝塑袋子，每一个包装里面都附带一个"鼠小夹"。"鼠小夹"内放置了与产品相契合的开壳工具。这样人性化的包装设计可谓是想用户之所想，急用户之所急。

另外，"三只松鼠"还有专用的礼包箱，该包装的设计也非常专业和细致。

具体而言，"三只松鼠"会把产品的生产日期、原材料的成分等直观信息展现在礼包厢的侧面，而礼包厢的正面则是"三只松鼠"的图案。更出乎意料的是，根据产品的不同，礼包箱也会发生变化，但是无论如何都会有"三只松鼠"的图案。

在快递包装方面，"三只松鼠"仍然沿用了卖萌的风格，将自己品牌的Logo——松鼠头像印在上面。而且"三只松鼠"的快递包装还有一个非常俏皮的名称——"鼠小箱"。从整体来看，快递包装的设计精简大方，可以让用户在第一时间就看到"松鼠"元素。

"鼠小箱"上通常会贴着一个写着这样一句话的便条：轻拿轻放，爱护箱子。该设计既体现了人性化、暖萌化，又非常具有创意，可以让用户在心中产生一种温暖的感觉。此外，"鼠小箱"外面还有一个名为"鼠小器"的塑料开箱器，其最主要的作用是戳开透明胶带，让用户快速打开，在最短的时间内享受到美味的产品。

为了优化用户的消费体验，"三只松鼠"不仅会为用户准备一系列的赠品与试吃装，还会提供湿巾、垃圾袋、卖萌感谢信等暖心小礼物。在卖萌感谢信中，"三只松鼠"将用户称为"主人"，显得既好玩又有趣，而且还能够让用户体会到极致的爱和温暖。

从崭露头角到剑指坚果品牌冠军，"三只松鼠"的成功离不开精美的包装设计、良好的产品形象、明确的用户定位。详细来说，"三只松鼠"直接锁定年轻用户和慢食生活群体这两大主流互联网消费力量，同时借助创新与个性兼具的包装设计打动用户的内心，让他们对品牌和产品建立情感共鸣。

由此可见，要想吸引用户的注意力，抢占用户的心智，进而实现认知爆裂，就必须要把产品包装设计好。就像"三只松鼠"这样不断地对包装进行创新，把细节做到极致，把用户体验放在第一位。

（五）增强实用性

因为现在大多数用户都存在务实心态，所以在设计产品包装的时候，除了要追求美感以外，还要注重实用性。例如，可以直接切分药片的药瓶、有齿纹的食品包装袋、自带"小垃圾箱"的口香糖盒等。

目前，咖啡市场已经被星巴克和蓝山咖啡占据了一大部分，如何在这样的形势下脱颖而出应该是所有咖啡品牌都想要知道的。而绿山咖啡则在包装设计的助力下为我们提供了一个非常好的思路。

在普通用户看来，绿山咖啡似乎不能和星巴克相提并论，因为这个品牌根本没有知名度和影响力。但事实真的是如此吗？当然不是，曾经绿山咖啡的股价一度超过了星巴克。而之所以会出现这种情况，主要是因为绿山咖啡有一项专利——"K杯"。

"K杯"是一个外表像纸杯的容器，里面有一个稍微小一点的只能渗透液体的渗透装置，上面有用于封口的铝箔盖，以保证咖啡的香味不会散发。将"K杯"置入配套的克里格咖啡机，按一下按钮，加压注水管就会穿破铝箔盖进入杯中，注入热水。此外，克里格咖啡机会精确控制水量、水温和水压，以保证咖啡香味的最大化，进而让用户更加方便而快捷地煮出口感最棒的咖啡。

把"K杯"放入克里格咖啡机，不用磨咖啡豆、称量、清洗、杯底无残渣、不用掂量是否放多了材料，一分钟就能得到一杯香腾腾的咖啡。不仅比传统咖啡机更方便，煮出的咖啡也更加浓郁，而且价格更是只有星巴克的十分之一。

美国东北地区数以千计的办公室里都安装了绿山咖啡的产品。据相关数据显示，绿山咖啡的销售收入中有近三分之一都来自办公室员工。对企业而言，这有利于避免员工以"办公室咖啡太难喝"为由溜到外面去喝咖啡；对员工而言，这有利于花较少的钱喝到更加好喝的咖啡。

绿山咖啡申请了很多个与"K杯"相关的专利，凭借这些专利，"K杯"已经成为一个向所有饮品商开放的产品，这些饮品商也只需要向绿山咖啡支付6美分/杯的许可费。可见，绿山咖啡不止把"K杯"当成包装，更将其视为咖啡行业的一个开放平台。

在咖啡行业中，虽然星巴克的门店已经开遍了全世界，但绿山咖啡凭借自己独特的定位和实用的包装，成为一个旗帜鲜明的咖啡零售巨头，而且还建立了自己的盈利体系。所以，建立品牌最重要的不是考虑自己比竞争对手好在哪里，而是考虑在哪个方面可以做到第一。

产品包装的重要性不言而喻，不过，即使将产品包装设计得足够精美，如果产品质量没有保证的话，依然逃不过"金玉其外，败絮其中"的宿命。如今，越来越多的品牌都希望可以在最短的时间内获得最丰厚的盈利，但是违背规律，靠虚假包装吸引用户眼球的做法根本不可取，最终只能是玩火自焚。

对于想要推出新产品的品牌来说，包装是一个宣传效果十足的晕轮。如果用户对现有产品有良好的正面印象，那么新产品的包装会使核心用户继续支持本品牌，而拒绝使用其他品牌的同类产品。这样既有利于提升品牌的知名度和影响力，还可以增强用户的黏性。

第六章
爆裂进行时：早期用户转化，成功闭环

很多营销人员在早期的用户转化过程中可能都会遇到过这些问题：新品无论怎么推广，就是没有用户买账；企业运营的公众号，天天推广优质内容，然而阅读量却始终不高；定位好目标人群，设计了精美的H5，结果最后转化率只有1%；还有花大价钱买流量，通过各个渠道广泛投入宣传却依然收效甚微。对于早期用户转化过程中遇见的问题，本章将从9个方面进行探讨。

一、用户转化模型：从认知到购买的关键过程

（一）认知到购买的3个步骤

人们在印象里判定德芙巧克力就一定比其他品牌巧克力更好，苹果的手机就一定好过其他手机等，这就是消费认知。通常情况下，用户从认知到购买的过程可以分为以下3个步骤，如图6-1所示。

图6-1 用户从认知到购买的过程

第六章
爆裂进行时：早期用户转化，成功闭环

1. 知晓

想要用户对一个产品有一定的认知，应该先让用户知晓这个产品。用户如何知晓产品呢？这主要依靠产品自身的特性再加上广告宣传。

众所周知，在南方地区，尤其是江浙和两广一带，气候非常炎热。生活在那个区域的人们受气候影响，容易上火。而上火便会很容易引发一系列并发症，例如，头疼、牙龈肿痛等，严重时还会引起肺炎。所以，在这些地区生活的人们在日常饮食结构中，都会尽量考虑到"降火"，凉茶也就成为家家户户必备的饮品。

但是，这种凉茶是由中药药材熬制而成的，熬制过程非常麻烦，且口感不好。王老吉通过调研后，发现这一问题的存在。随后，王老吉推出罐装凉茶、盒装凉茶，帮助用户省去复杂熬制的过程，同时加入适量的糖分调节口味。于是，凭借着方便，口味好的特点，王老吉的产品在南方城市快速传播开来。

2. 唤醒

广告大师 David Abbott 曾为芝华士写过一则广告，将酒与父子情节用朴实的文字巧妙结合在一起，唤醒人们。

因为在我需要时，你总会在我的身边

因为你允许我犯自己的错误，而从没有一次说"让我告诉你怎么做"

因为你依然假装只在阅读时才需要眼镜

因为我没有像我应该的那样经常说谢谢你

因为今天是父亲节

因为假如你不值得送 Chivasregal 这样的礼物

还有谁值得

这则广告舍去了华丽的词语夸赞芝华士的味道，只是用朴实的语言将自己和父亲的故事娓娓道来，去掉"高、大、上"，回归"朴、实、真"，唤醒人们内心深处对于亲人的思念。如此一来，更能体现出芝华士的价值无可替代，因为它代表着逝去的父爱。

处于唤醒过程的用户喜欢听"人话",喜欢营销人员通过广告将自家产品的最大特点说得清楚,说得明白。这个过程的营销活动主要以信息明确传达为主,不进行过度的包装和美化,只提供最简单有效的内容。

3. 购买

支付能力是用户是否要购买的最大问题,如果前两项都达到了用户的要求,支付能力就成为临门一脚,它决定着用户能否真正购买产品。但用户的支付能力不是绝对的,需要与实际情况相配合。

用户有支付能力却并没有选择购买,这是为什么?假如产品价格明明超过用户的预期,但用户还是咬牙购买,这又是为什么?因此,支付能力是一个相对性的问题,总的来说,产品的价格设置需要与目标用户的消费水平挂钩。

以演唱会的门票为例,其定价可以分为3种,低价门槛,从几十元到上百元不等,用户付出的费用不高,可接收性强,但容易给用户造成一种廉价的感觉,让一些比较富裕的用户无法体会到优越;中等价格门槛,在上百元到几百元之间,用户需要付出一定的费用,但尚在用户可接受的范围内;高价门槛,例如,888元、1288元等,这种门票的价格对于一般的用户难以承受,但是这些门票购得的位置都是最前排,视觉体验最佳,因此它的目标用户集中在收入较高的用户群体。

(二)创造新意的两大步骤

知晓、唤醒、购买是用户转化模型中的基础流程,只是掌握了这些对于一般的营销人员已经足够,但如果想要成为更出色的营销人员,还需要不断创造新意,强化用户的认知,尤其是产品已经失去活力的时候。该如何创造新意呢?这里可以借助两个新潮的技术来完成。

1. VR技术

过去几年间,VR技术走近人们的视野。这是一种通过计算机图像技术与头戴设备,形成360°虚拟环境的技术。往往热门的技术,总会引来大量的商机。在这场技术革命之中,众多营销人员闻风而动,参与这场饕餮盛宴。

例如,2014年,HBO推出了VR短片——《权力的游戏:上墙》,目的

第六章
爆裂进行时：早期用户转化，成功闭环

是为《权力的游戏》第五季上市造势，如图 6-2 所示。

图 6-2 　《权力的游戏：上墙》

当用户戴上 VR 头显，便会惊奇地发现自己来到了维斯特洛大陆，体验这片大陆的绮丽风光。当《权力的游戏》第五季开播时，借助此前造成的热潮，收视率大涨，HBO 收获了巨额的收益。

无独有偶，耐克的 VR 广告——《心再野一点》，以全景视角展现周冬雨成长为金马影后过程中的坎坷经历。在这段广告中，观众以 360°无死角的方式，与周冬雨一起体验她的成长过程。

广告画面从周冬雨穿着耐克衣服的挥汗训练，到认真背词，再到海选中脱颖而出，最后周冬雨穿着耐克服饰抵达终点。这时候，所有的观众都发现，耐克已经从一双鞋，转变为一段难忘的回忆。影片的最后，观众通过点击视频中的图标，就可以购买主人公的同款服饰。耐克通过 VR 的交互特点，实现营销的完美融入，既谈了感情，又谈了钱。

2. AR 技术

随着技术的革新，另一种增加现实的技术进入众多营销人员的眼中，它就是 AR 技术。与传统广告营销相比，AR 技术最大的不同在于视觉方式的革新。它使得用户与产品之间产生一种交互式沟通，达到一种双向沟通，形成一种沉浸式的互动体验。

2017 年，卡西欧采用 AR 技术，为其进行的"G-SHOCK 英雄召集令"活动带来了新的活力。用户使用支付宝的"AR 扫一扫"，对准图片进行扫描，可以实现卡牌里的英雄飞到屏幕上，实现在线抽奖，如图 6-3 所示。

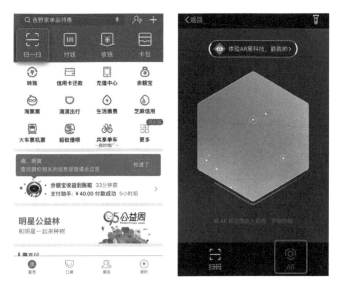

图 6-3　卡西欧 "G-SHOCK 英雄召集令" 活动当中的 AR 技术界面

而早在 6 年前，迪士尼利用 AR 技术，将自家的经典人物搬到了纽约城，百老汇的屏幕上浮现了小熊维尼，唐老鸭出现在了电视墙，而在那些标记 AR 的地板上，人们甚至可以与其他经典人物展开互动，一时间，整个城市化为一个巨大的迪士尼乐园。

到 2016 年，迪士尼再次展开 AR 营销，这一次它选择在新加坡的公交站立起了 AR 广告牌，等车的人们可以通过广告牌看到迪士尼的卡通人物，与之互动，实现突破虚拟环境的交流。

另外，深圳星常态文化传媒有限公司也开发了一款小游戏，称为 "牛角包"。该游戏仅在广州正佳广场可以体验，玩家通过打击圣诞老人或者圣诞小精灵，获得积分和奖励，然后通过线下固定位置的实体补给点，供用户兑换游戏道具，如图 6-4 所示。

利用 VR 或者 AR 技术进行营销能够满足用户的新鲜感和好奇心，让用户获得参与其中的感觉，强化用户对产品的认知。与此同时，VR 或者 AR 技术还可以通过再现场景，将以往不可捉摸、不可触及的事物或物品零距离放置到用户面前，将产品的特性完全展现在用户的眼前，激发用户的购买冲动。

第六章
爆裂进行时：早期用户转化，成功闭环

图 6-4 "牛角包"小游戏

二、转化爆裂工具一：广告的效率

在早期的用户转化中如何合理投放广告，是提升用户转化效率的重要一环。而信息流广告则可以实现这一目标。简单来说，它就是混在信息里面的一种广告，只是平常若是不注意，甚至可能发现不了它是一条广告，如图 6-5 中方框所表示的部分。

图 6-5 信息流广告

信息流广告的成功，归功于它能同时满足广告主、媒体、用户的需求，广告主可以依据需求投放，用户从很大程度上可以避免浏览无用的广告信息。比如对于喜欢玩游戏的学生，最新的电子产品信息无疑大受欢迎。同时对于广告主来说，信息流广告的精准推送能力，极大增加了广告的用户转化效率。

（一）信息流广告的闭环流程

信息流广告不同于传统广告的生硬植入模式，而是以一种很自然的方式夹杂在信息流中。这种广告具有用户精准、用户体验度高、效率高的优势。一般来说，信息流广告具体的闭环流程，如图6-6所示。

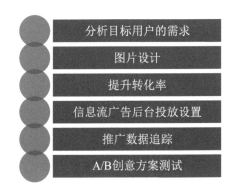

图6-6　信息流广告的闭环流程图

1. 分析目标用户的需求

信息流广告的投放需要提前分析好目标用户的需求。不是从产品或服务的角度出发，而是优先考虑用户需不需要。可以通过以下几个问题，逐步分析目标用户的需求。

用户有哪些痛点？在使用产品时有什么问题？该如何解决问题？在哪些场景下用户能想到我的产品？

2. 图片设计

信息流广告有多种形式，如文字、图片、视频。其中，图片可以更直观展示产品信息，吸引用户关注。图片一般是三小图和一大图，其选择既要重视渠道的要求，又要符合题材。接下来，就为大家介绍一下广告图片的注意事项。

（1）大小适中

广告图片如果太小，页面便会出现大量的留白，从而影响美观。所以，在选择广告图片时需要注意大小尺寸。

（2）整齐统一

尽量使用内容差异不大的封面图片。例如，产品是游戏，而广告图片是一本书的封面，这样就会给用户一种不和谐的感觉，很难让用户对广告产生认同感。

（3）没有水印

尽量选用无水印的图片，对于营销人员来说，如果使用了其他企业带有水印的封面图片，无疑是一种侵权行为，可能会受到法律的追责。

（4）清晰度高

清晰度不够的广告图片会让读者看上去很不舒服，这会降低用户对产品的期待程度。

（5）简单明了

图片的元素多少能够衡量这张图片的好坏。元素过多会影响图片的整体表达，而且也不美观。对于营销人员而言，尽量要选择一些简单明了、元素较少的广告图片。

3. 提升转化率

在完成前面的步骤后，接下来就需要确定具体的投放地点，提升转化率。不同的营销人员有不同的投放广告的目的。比如，销售产品，提高购买量；增加 APP 的下载量，提高参加活动的人数等。

4. 信息流广告后台投放设置

今日头条、百度、新浪等是现在主流的信息流广告平台。根据用户分析，有目的地在各类平台上投放广告。用户的分析需要从年龄、性别、兴趣爱好、手机系统等角度出发，特别是不同的手机系统用户需求有所不同。例如，实际测试中发现 IOS 系统流量不如安卓系统高，但是 ROI（投资回报率：企业从某项投资活动中取得的经济回报）比安卓系统高。

5. 推广数据追踪

在信息流广告投放阶段，营销人员需要选择合适的统计工具进行跟踪和转化数据，对每一个付费的链接做好记录。

6. A/B 创意方案测试

A/B 测试是比较两个方案中哪个更好的测试方法。在 A/B 测试当中，营销人员将用户分成两组，对两组用户分别采用 A 和 B 两种不同的方案，并确定哪种方案可行性更高。

A 和 B 方案之间的差异视情况而定，差异可以小到只是某个广告图片的颜色不一致，也可以大到整个方案的步骤与原则截然不同。方案的衡量标准也没有具体的规定，可以是页面的浏览量，可以是订单数量，也可以销售额。在实战中，最好将所有的影响因素结合起来，从而能够得到更准确的测试结果。

（二）信息流广告要遵守的要求

信息流广告之所以能够取得用户的喜爱，便是以用户不产生反感为前提。因此，信息流广告除了需要闭环过程以外，还需要遵守以下 3 点要求，如图 6-7 所示。

图 6-7 信息流广告的 3 点要求

1. 通晓产品的层次

许多产品的推广效果不理想并不在于产品品质不过硬，而在于用户群体与产品的层次定位存在不合理性。例如，一些高端香水的广告以低价作为主

第六章
爆裂进行时：早期用户转化，成功闭环

要内容，那么实际的效果必然不太理想。产品的层次决定着产品用户，清楚地把握住产品的定位，才能成功地吸引用户群体，而这也是后两步的基础所在。

2. 明确功能特点

信息流广告中的产品功能特点必须明确。例如，对于一般学生与游戏迷而言，他们对计算机的功能需求不一样。面向学生推销电脑时，电脑价格、玩游戏流程是他们所看重的。而面对游戏迷时，电脑游戏体验感，运行大型游戏画质清晰度，速度是否流畅以及不容易出现闪退、卡顿才是他们的关注的重点。

因此，值得一提的是，即使是介绍同一种产品，营销人员也得分别对待。只有当广告的针对性越强时，才越能降低用户的抵触状态。

3. 确定使用人群

对于营销人员来说，只有确定用户的使用人群，才能对症下药。否则，之前的努力都将付诸东流。所以，要想达到营销的目的，营销人员不仅要走自己的路，更要让竞争者无路可走。

以上这3点要求都值得营销人员学习，但是一定要记住不可以好高骛远，要结合自身产品与服务特色设计广告，否则很有可能会出现邯郸学步，导致广告的内容不伦不类，最终丧失吸引力。

三、转化爆裂工具二：线下活动的效率

如今，互联网已经成为一个必不可少的信息获取渠道，在这样的时代背景下，我们仍然不能忽视线下活动的重要性。从企业的营销工作来看，无论是带有新色彩的互联网企业，还是比较传统的实体经济企业，都需要通过线下活动来与用户进行面对面的沟通，从而进一步促进购买行为的产生。具体来说，线下活动对营销的强大作用主要体现在以下两个方面，如图6-8所示。

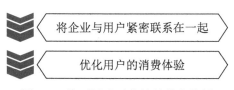

图6-8 线下活动对营销的强大作用

1. 将企业与用户紧密联系在一起

在线上交流的过程中，企业和用户之间总是隔着屏幕这一层薄膜，而线下活动则将其打破，实现了双方的紧密交流。从某种意义上来讲，线下活动本身就是一个引爆点，再加上线上这一个连接载体，我们就可以完成一场非常高效的线下活动。

首先，在线上对线下活动进行宣传，让用户产生强烈的兴趣；其次，凭借企业的知名度和影响力，以及各种优惠，将用户吸引到线下活动的现场；再次，与现场的用户进行深度互动，并在此基础上引导他们购买产品；最后，做复盘，为下一次线下活动积累经验。

2. 优化用户的消费体验

线上购买产品的行为，虽然在价格和便捷性方面都有足够的优势，但在消费体验方面却并不是那么给力。作为引领潮流的一代，"80后""90后"更加偏爱个性化消费，因为这种"体验式"的个性化消费可以带给他们十足的快感。

现在，不少营销者都认为，线下的发展已经对线上产生了巨大冲击，这一论断确实有一定的道理。很多时候，线下活动具有多触点、场景化的特点，这是线上活动所缺乏的，至少是目前所缺乏的。基于此，线下活动可以充分发挥场景化的优势，再加上企业自身的价值，完全可以实现营销的巨大成功。

从另一个角度来看，场景化的线下活动与那种普通的线下活动还不太一样，前者可以利用极具创意的主题来吸引用户，然后再加入适当的互动，为积极参与的用户营造出非常惊喜的消费体验。这样我们就可以把线上与线下之间的通道打通，进一步增强用户的消费黏性，从而将营销的效果优化到极致。

2018年，"佛系"成为"90后"的最新形容词，之所以会如此，是因为他们希望用自黑的方式去消解长辈强行赋予的"传统生活"。然而，面对着自己真正感兴趣的领域，例如，旅行、摄影、二次元、音乐等，他们立刻就会充满战斗力。这种看似"不正经"的做事风格，实际上充分体现出"90后"的价值取向。如今，也确实有很多"90后"都把兴趣发展成了事业，正所谓"不

第六章
爆裂进行时：早期用户转化，成功闭环

正经的兴趣是我做过最正经的事"。

在牢牢把握"90后"心理的基础上，网易LOFTER凭借"线上+线下"的方式，打造出为"90后"说话的"LOFTER不正经青年生活节"，让他们可以通过大千世界的纷繁兴趣来认识自己，真正找到同好，如图6-9所示。

图6-9　LOFTER不正经青年生活节

网易LOFTER把一些非常热门的桥段全都融入"LOFTER不正经青年生活节"当中，并选取了12月23—24日这两天圣诞档期。这样的做法不仅吸引了一大批"90后"年轻用户的参与，还进一步提升了营销的效果。

"不正经青年生活节"一共包括4大板块，分别为"黑市市集""方桌怼谈""没主题live派对""不正经驾校"。通过这4大板块，网易LOFTER希望可以和"不正经"品牌联动，打造一种与众不同的"不正经"生活方式。

在"方桌怼谈"板块中，网易LOFTER特意邀请了把兴趣发展成事业的代表性嘉宾——《奇葩说》知名辩手邱晨、《大内密谈》创始人相征、前《男人装》影像总监神思远、知名二次元Coser绾绾、民谣歌手何大河，摄影师黑白之舞。

该板块的调性与"90后"非常契合，特别是在语言体系和生活方式方面。另外，围绕《靠嘴皮子赚钱是一种什么样的体验》《跟少女相处，是中年男人去油腻的最好途径吗》《不正经是他们做过最正经的事情》等话题，嘉宾们展开了异常激烈的辩论，表达出"90后"的思维碰撞和有趣观点。

"不正经驾校"板块主打深度互动,具备极强的参与性和玩味性。为了迎合在"90后"当中十分流行的"老司机"称号,网易 LOFTER 将该板块分成科目一"段子区"、科目二"吸猫区"(如图 6-10 所示)、科目三"氪金区"。通过这 3 个科目的考试以后,参与的用户就可以变身"老司机",并获得"老司机证书"。

图 6-10 "不正经驾校"板块的科目二"吸猫区"

作为网易旗下深受"90后"年轻用户喜爱的兴趣社交平台,网易 LOFTER 自上线以来,便以自身独特的品牌定位及优质的内容输出,积攒了良好的口碑,树立了正面的形象。与此同时,网易 LOFTER 也成为网易布局社交的一个重要支点。

目前,网易 LOFTER 已经从"为文艺青年代言"扩散至各个泛二次元兴趣领域,例如,萌宠、Cosplay、古风、手账等。不仅如此,那些比较传统的兴趣领域也越来越年轻化,例如,在摄影当中加入古风和日系元素。可以说,网易 LOFTER 满足了"90后"所有"不正经"的兴趣,这也是该平台可以凭借"LOFTER 不正经青年生活节"为"90后"说话的重要原因。

与淘宝"造物节"、知乎"不知道诊所"等线下活动相比,网易 LOFTER 从"不正经青年"概念着手,高度贴合了自己的口碑和形象,自然可以引起用户更加强烈的共鸣,实现营销效果的最优化。

由此可见,要想把营销做好,一定要重视打造线下活动。在这一过程中,最关键的就是要选择合适的切入点,以目标用户为核心制定线下活动的板块。

第六章
爆裂进行时：早期用户转化，成功闭环

当然，嘉宾的选择也非常重要，必须要和线下活动的主题相匹配。

四、转化爆裂工具三：线上活动效率

在当下这个互联网时代，线上活动的重要性已经无须多言。对于线上活动的组织，我们经常会突然有一些好的想法和灵感。但是，在真正实施的时候才会发觉，有些板块具有非常大的风险性，甚至还很可能出现用户根本不买账的现象。

（一）组织线上活动前需要整理的问题

一个已经进行过对外宣传的线上活动，参加的用户只能用凤毛麟角来形容，这样的做法不仅不能提高企业和品牌的知名度，还会让用户对其影响力产生怀疑。因此，如果无法确定线上活动的可行性，就会产生非常不好的结果。面对这样的情况，我们应该在着手组织线上活动之前，先把以下几个问题整理清楚，如图6-11所示。

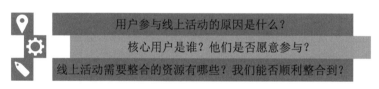

图6-11　组织线上活动前需要整理的问题

1. 用户参与线上活动的原因是什么？

一般来说，用户参与线上活动的原因主要有两个：一是内在原因，即用户自身的内在需求，例如，对线上活动有强烈兴趣、希望通过线上活动提升自己等，具体可参照马斯洛的需求层次理论；二是外在原因，即礼物、奖金、赞赏、荣誉等外在因素激发的行为。所以，在线上活动当中，一定会有的板块是抢红包、发放礼物。

组织线上活动的时候，如果我们可以撬动用户的内在需求，就可以取得事半功倍的效果。而外在因素的作用仅仅是保障线上活动顺利进行，让用户充满热情和积极性。由此可见，我们还是应该以用户的内在需求为第一着手点。

2. 核心用户是谁？他们是否愿意参与？

我们都知道，无论是何种类型的线上活动，只要选对了KOL就成功了一半。与此同时，在一个线上活动当中，如果我们搞定了核心用户，让他们参与进来，那成功的概率也会大大增加。

3. 线上活动需要整合的资源有哪些？我们能否顺利整合到？

除了了解核心用户以外，我们更加需要做的是，分析自己能否顺利整合到这些资源，毕竟有些资源根本无法随时调动。举一个比较简单的例子，如果你组织了一场线上活动，需要大量的微博用户，但是你的企业从来没有用心运营过微博，那这场线上活动就很难取得成功。

对于组织线上活动来说，上述几个问题必须要整理清楚，而如果你的答案都是肯定，那就可以着手进行线上活动的组织。

（二）整体流程的五个环节

要想让线上活动更加顺利，掌握整体的流程也十分必要，通常包括以下5个环节。

（1）制订方案，主要涉及目标、主题、对象、时间、形式、宣传、成本预算等因素。

（2）制作线上活动的页面。

（3）整合资源，进行大面积推广。

（4）进一步宣传线上活动中积累的素材。

（5）线上活动正式结束、做复盘和经验总结。

如今，随着营销方式的多样化，可以组织线上活动的平台也越来越多，例如，异常火爆的抖音、快手等。而事实也证明，在这些平台上组织线上活动，不仅能够吸引用户，而且还有利于知名度的提升。

从2018年6月15日开始，哈啤在快手上进行了为期5天的线上活动。首先，挑选出施佳宁、嘻哈超、鑫哥、尚热门、小来哥5位拥有众多粉丝的

KOL；其次，根据这些 KOL 的自身特点定制出与产品契合的内容；最后，以原生广告的形式在快手上进行投放（主要针对黑龙江省）。

从表面上来看，上述 5 位 KOL 的风格并不相同，但是他们的粉丝大都来自东北地区，所以与哈啤的区域性策略高度契合。更重要的是，他们的风格也与哈啤的调性十分搭配。以 2018 年 6 月 17 日发布的《就是要燥》（该视频的主角是嘻哈超）为例，作为一个凭借街舞走红的 KOL，嘻哈超将哈啤和拉盖动作完美地融入自己的街舞当中，如图 6-12 所示。

图 6-12　嘻哈超《就是要燥》视频截图

在快手中，绝大多数 KOL 都身怀绝技，而且还具有非常强大的粉丝基础，所以很容易带动产品的传播和销售。据相关数据显示，哈啤的此次线上活动取得了非常不错的结果。具体来说，视频总播放量达到了 2111 万次，吸引了 932.6 万人的关注和参与，获得了近 1000 个二次创作视频。

毋庸置疑，每个人都会对发生在自己身边的事情感兴趣，哈啤就是利用了这一点，通过那些拥有明显地域性及强大影响力的 KOL，实现新产品的推广和宣传。在以快手为代表的平台中，只要能体现个性、新颖及创意，就很容易引起广泛的认可。这种认可直接带动大量的跟风、模仿，从而使品牌获得更加广泛的传播和推广。

通过 KOL 与粉丝的深度互动，哈啤与自己的目标用户建立了密切关系，同时还赢得了一大批快手用户的青睐。总之，哈啤的线上活动有新意、有创意，是一次非常成功的营销。首先，通过 5 位 KOL 引爆快手；其次，利用 UGC 内容跟进，实现与目标用户和快手用户的交流；最后，突破圈层，力求对所有消费者产生影响。

在短视频越来越火爆的当下，快手的确是组织线上活动的一个最佳平台，可以让品牌和自己的目标用户连接在一起。因此，各大品牌应该牢牢把握住机会，争取使营销获得 1 加 1 大于 2 的效果。

现在各种类型的品牌和企业都需要让自己被更多用户知道，因此，经常组织线上活动是非常重要的一件事情。而一场有爆裂效果的线上活动不仅需要充足的前期准备，还需要满满的创意和十足的差异性。

五、转化爆裂工具四：销售的效率

在消费不断升级的影响下，传统的货场人开始向现在人货场转变。那么，究竟什么是人货场呢？实际上非常简单，就是选对的人（消费者＋销售人员），挑对的货（风格＋品类＋价格波段＋上市波段），在对的场（城市＋商圈＋地址＋楼层＋店铺＋陈列）。其中，选对的人似乎有着更加重要的意义。

人，无论是消费者还是销售人员，都是商业活动的重要组成部分，二者结合在一起，促成了交付行为的产生。先来说消费者，每个消费者来到商业中心，往往都带着不同的背景、诉求、情绪、消费能力。不过，即使如此，我们也还是可以从众多不同中窥探出一套通用的基本逻辑，即销售漏斗公式：销售额 = 流量 × 转化率 × 客单价 × 复购率。

其中，流量就是有多少消费者进入门店，流量越大就意味着门店越火爆；转化率就是进入门店的消费者最终有多少购买了产品；客单价就是一个消费者一次花费了多少钱，购买了多少产品；复购率就是这个消费者离开门店之后，下次再来购买的可能性有多大。

显然，对于销售漏斗公式而言，右边乘出来的数字越大越好，但必须承认的是，它只可以用来衡量销售额，却无法衡量销售的效率。均摊到每平方米门店面积上的销售额，才可以真正体现销售的效率。如果用专业术语来讲，

第六章

爆裂进行时：早期用户转化，成功闭环

每平方米门店面积上的销售额就是坪效，即每平方米门店面积创造的年收入。

从销售的效率来看，在线下，经常会出现无论怎么努力，坪效都无法提高的现象，甚至有时还会有无法抵消该平方米租金的情况。这就是我们经常所说的坪效极限不够租金底线，反映出当下的业态不该放在这里。

在互联网、大数据、人工智能等先进技术不断发展的今天，有没有办法利用这些先进技术使坪效得到大幅度提高呢？更大胆一点，我们是不是可以通过一场"坪效革命"来突破传统的坪效极限呢？

借助用户思维和产品思维，我们可以最大限度的接近坪效极限，但要达到突破的效果，还是要依靠交易结构思维，用时代赋予的高效率工具。另外，既然销售漏斗公式是4个要素相乘，我们也可以从这4个要素着手。例如，利用社群经济实现精准匹配，提高转化率；通过收集分析数据洞察消费者，提高客单价；凭借优质的服务，让消费者成为会员，进一步提高复购率等。

不过，要说上述4个要素哪一个更加关键，肯定非复购率莫属，因此，要想突破坪效极限的话，我们可以重点从复购率着手。而这项工作的主要实施者无疑是门店里面的销售人员。这也就表示，销售人员在很大程度上可以决定销售的效率。

现在，市场竞争的焦点已经开始转向终端，对终端的建设显得越来越重要。于是，便有了"谁赢得终端，谁就能赢得消费者"的口号。在终端的销售过程中，销售人员担当着重要的尖兵角色，因为他们需要面对面直接与消费者沟通，而且一举一动、一言一行被消费者看在眼里，深刻影响着品牌的形象。可以说，销售人员的个人素质和销售技巧，直接决定着终端销售的成功与否。

销售人员一方面把品牌和产品的信息传递给消费者；另一方面又将消费者的意见、建议和要求反馈给企业，让企业可以更好的服务于消费者。以手机门店为例，我们可以思考一下，为什么门店的手机要比官网便宜那么多？况且门店还有销售人员的一对一讲解及高额的租金，这些无形中都提高了成本。

其实，通过了解我们可以发现，门店最赚钱的时候就是和官网价格一样的时候，即最新款手机刚刚投入销售之际。那么，官网和门店都是同样的价格，为什么门店要销售得更好呢？主要是因为门店有真实的产品，不仅可以看得到，而且还可以摸得到，更重要的是还有销售人员给详细讲解。

但是，等到几个月后，当官网开始降低价格，淘宝、京东等线上平台也在打低价战略的时候，门店的销售就会受到非常严重的影响。所以，要想度过危机，门店必须采取相应的措施，让销售人员进行营销。具体的营销方法可以从以下几个方面进行说明，如图 6-13 所示。

图 6-13　手机门店销售人员营销的 3 个方面

（一）推荐与手机相关的 3 件套

在门店购买手机，"保护膜、保护壳、充电宝" 3 件套是销售人员会极力向你推荐的，这个措施通常也是消费者最容易也最愿意接受的。实际上，如果仔细深究的话，3 件套的利润要比手机更加丰厚，这也是门店需要销售人员的一个重要因素。

（二）让消费者办理会员卡

现在，很多门店都有专属于自己的会员卡，消费者办理的话往往需要花费一定的成本，低至几十元，上至几万元。在办理会员卡以后，只要手机出现问题，消费者就会再次光临门店，这不仅有利于提升口碑和形象，还可以增强消费者的黏性。

（三）购买手机赠送话费

这个措施比较有深度，消费者一般无法看出其中的门道。实际上，很多门店都和电信运营商签订了协议，门店鼓励消费者办理套餐购买手机，而电信运营商给消费者优惠，从而二者都可以从中获得利益，实现一举两得。不过，要是门店没有销售人员进行讲解，这个措施就无法实行下去。

第六章
爆裂进行时：早期用户转化，成功闭环

总而言之，对于一些比较特殊的产品，例如，手机、汽车、电视等，必须要有销售人员的助力才可以得到更好的销售。首先，销售人员可以为消费者讲解产品的功能和使用方法，让消费者对产品有更加深刻的了解。其次，销售人员可以在门店做营销，帮助品牌推广一些其他的活动，进而获得更加丰厚的利润。

六、转化爆裂工具五：线上渠道的效率

在营销之中，渠道就是产品与用户之间的脉络，营销人员要与"脉络"达成良好的合作关系，通过对"脉络"进行梳理、整合，使自己对市场实现完全掌控，最终实现用户转化率的有效增长。

现如今的渠道已经分为线上渠道与线下渠道。如果营销人员还局限于线下渠道的推广，就注定难以取得成功，如同娃哈哈的案例一样。

早在多年以前，娃哈哈的早期产品——儿童口服液就通过在当时最为流行的电视广告上进行营销推广。在广告中，娃哈哈创始人宗庆后用"喝了娃哈哈，吃饭就是香！"作为广告语，以简单明了的话语向人们表明产品的用途。在产品推出当月，娃哈哈儿童口服液的销量就达到了15万盒，而次月销量更是突破了20万盒。

初步获得成功之后，宗庆后将目光放到其他的推广渠道。宗庆后在报纸媒体外，新增多家代理商，进一步扩大渠道的辐射范围。多渠道的选择使得宗庆后打开了浙江市场，此后，宗庆后以同样的方式打开了上海市场；到了天津推广时，宗庆后采用了车站广告的付费媒体渠道；在北京推广时，宗庆后更是将娃哈哈口服液带到了中央电视台。

这个时间段，娃哈哈的营销渠道还比较传统。随着市场的开发，保健品开始涌入市场，为了避免代理商、经销商因为市场竞争而降低或抬高产品价格，从而影响企业的发展。宗庆后对娃哈哈的营销渠道进行区域划分，尽量保证一个区域只有一家一级批发商，然后由一级批发商向二级批发商进行销售，以此类推一直到零售终端。

经销商代理产品前需支付一定的保证金，假如经销商完成了预订的销售

目标，就可以拿回保证金及娃哈哈支付的保证金利息，而如果经销商无法完成预订的销售目标，娃哈哈就会按照相应的条款扣除经销商的保证金。

为了帮助经销商更好的销售，娃哈哈总部会派遣营销人员到各个区域内协助商家进行销售。如此一来，娃哈哈与经销商便紧密联系在一起。在那个科技并不发达的年代，娃哈哈依靠这种区域划分的方式，可以实现3天之内新款产品覆盖全渠道零售终端。

而娃哈哈在向西拓展的时候，也曾实行过另一种策略，即销地产模式。娃哈哈在产品销售区域内建设控股、参股公司，大大降低渠道成本，从而有效控制产品的售价。

到了2014年，娃哈哈的销量开始逐渐下滑，相比2013年下降7个百分点。原因在于经销商认为产品进驻大型连锁超市的进驻费过高，相比之下，经销商更愿意通过渠道商的盘剥差价赚取利润。2015年，娃哈哈的销售额再度下降，不得不面临传统线下渠道的转型。

原本娃哈哈的区域营销模式在三、四线城市发展较好，但是在一、二线城市的发展却很一般。随着互联网进程的推进，网络渗透到了农村，这使得娃哈哈以往的线下渠道彻底失去了对用户的吸引力。

与娃哈哈相比，森马则实现了转型成功。森马创建于1996年，产品以休闲服为主。2012年，森马进军电商渠道，这次进军电商渠道的目标除了开辟市场以外，还有消化库存产品的目的。凭借着森马品牌的号召力，森马电商仅用了一年时间就将库存清空。

但森马并没有止步于电商渠道。2017年，森马开始进行渠道转型，将渠道重点放在线下购物。在2017年这一年的时间里，森马共开设了162家森马服装店，线下购物中心服装店总数达到320家，仅2017年开设的门店就占了50%。

在森马的后续计划中，每年新增的服装店面积不少于12万平方米，而购物中心的服装店则不低于150家。森马官方的报告显示，森马2017年的营收突破120亿元，与2016年同期相比增长了12.76%。将渠道重点转移到线下店面的森马并未放弃电商渠道，在2017年，森马电商的营收额突破了50亿元。依据线上线下渠道的相互拉动，森马品牌的传播相应扩大，从而

第六章
爆裂进行时：早期用户转化，成功闭环

推动了森马产品的销售。

从以上两个案例可以看出，线上渠道已经成为当前最有效的用户转化方法。想要尽可能提升线上渠道的用户转化效率，要先对全网的传播渠道有个大致的了解，才能更好地制定传播路径。下面介绍的几个渠道，总有一些适合你，如图6-14所示。

图6-14 主要的传播渠道

（一）内部资源渠道

内部资源渠道又称官方渠道，它是指营销人员利用公司内部自有的渠道进行推广。如利用企业官网推广产品，即通过在网站内最显眼的地方添加活动引导信息，通过引导信息快速吸引用户关注。此外，还可以通过官方媒体进行宣传，其中最主要的便是微博和微信。

1. 官方微博

营销人员通过在官方微博首页设置活动链接，用户点击后即可跳转活动专题页或者产品页。同时，营销人员也可以在官方微博宣传活动的相关话题，活跃气氛，吸引网友转发微博。

2. 官方微信公众号

在活动开始前，营销人员可以在官方微信公众号提前推送活动的宣传图文。以详细有趣为要点，用真心实意的语气对活动内容进行介绍。如果图文做得够有创意，就能引发现象级的传播，例如，百雀羚的《一九三一》广告。

此外，营销人员还可以借助微信公众号打通购物流程，快速实现用户的转化。例如，一家出售服装的企业，对微信公众号进行认证，之后开通微信支付，就可以在微信上直接卖货，接入第三方商城。

3. EDM 邮件推广

一般来说，用户注册官网会员的时候都会留下邮箱。营销人员对用户的邮件信息进行整理后，用邮件的方式推广产品信息。这种渠道的弊端是很难实现二次传播。

（二）外部资源渠道

1. 自媒体平台

一份产品的宣传图文，除了在企业自身建设的官网、官微、官博上发表，还可以通过各大自媒体平台进行宣传，如今日头条、大鱼号、百家号等。但是要注意的是，自媒体平台会对内容进行审核，如果被视为广告，则难以通过审核。这个渠道更注重内容质量，只要质量过硬就能迅速获得大量粉丝的关注。

2. 营销平台

在易企秀、iH5、Maka 等 H5 营销平台上制作自己的活动页面，也是一种推广方法。

3. 垂直论坛发帖

在垂直行业的论坛里发活动推广帖，下面介绍以下 3 种行业的相关论坛。

（1）母婴行业：妈妈网、摇篮网、育儿网、宝宝树、孩子王、优谈宝宝、驴妈妈亲子游、母婴之家、蜜芽宝贝等。

（2）餐饮行业：大众点评网、美团网、二维火社区、中国吃网、餐饮网、红餐网、餐饮界、百年餐饮网等。

（3）服饰行业：淘宝论坛、蘑菇街、今日特卖、中国服装网论坛、穿针引线网、中国服装人网、女装网等。

4. 知名社区

知乎、猫扑、豆瓣、贴吧等知名社区都是线上推广的重要渠道，而且这些社区划分了很多垂直频道，找出目标用户所在的频道，在对应的频道上发布推广信息。

5. 垂直社群

垂直社群包括微信、QQ、微博群等，要注意推广活动时的措辞。

6. 活动海报

制作精美的活动海报，然后将其发布在 Instagram、nice 等图片社交 APP 上。

（三）付费渠道

1. 借助知名人物投放广告

（1）软文：深夜发嫖、胡辛束、文案摇滚帮（专业广告写手）、反裤衩阵地、石榴婆报告、六神磊磊、商务范等。

（2）插画：天才小熊猫、同道大叔、喃东尼等。

（3）明星：大张伟、胡歌、赵丽颖等。

（4）视频：一条、野食小哥等。

网络上的知名人物很多，最关键的是找对人。只有这些知名人物的粉丝与你的目标用户高度吻合，才值得考虑。如果能够结合这些知名人物的特色设计推广活动，有利于形成用户二次传播，带来更大的效益。

2. 广点通、粉丝通

广点通、粉丝通可以根据目标用户的属性进行广告投放，例如，人群、年龄、地域、常去网站类型、终端设备、所处商圈等。

广点通是腾讯旗下的一款推广产品，流量渠道涵盖朋友圈、微信公众号、QQ 等。粉丝通主要用于微博广告方面，推广效果也是十分有效。

3. 网盟推广

营销人员通过网盟，可以将广告投放到与百度有联盟关系的几十万家联盟网站上，包括文字、图片、Flash 动画、贴片等形式。网盟推广是按点击付费的，也可以设置每日预计。

七、转化爆裂工具六：线下店面的效率

时代在发展，"80后"和"90后"已经逐渐成为消费的主力军，而他们也正是因为受到了互联网的影响，练就了一些与众不同的特质。例如，追求个性化、品牌意识强、愿意尝试新鲜事物、重视消费体验等。在这些特质的引导下，差异化、多样化的消费需求悄然兴起，这也间接对产品和服务提出了更高的要求。

线上电商看似能满足更高的要求，但依然存在消费体验差这一无法克服的硬伤。举一个比较简单的例子，某位男士要给自己的女朋友买鞋，如果不让女朋友亲自试一试，很可能就会出现不合脚的情况。试想，明明已经经过了精挑细选，但最后收到的鞋还是不合脚，这位男士和他的女朋友会开心吗？肯定不会。

与线上电商不同，线下门店则具有比较明显的优势，其中最重要的一个就是，可以让消费者进行情感连接与宣泄。例如，无论是在开心的时候还是在不开心的时候，女生都喜欢去逛街，暂且不考虑她们是否真的能产生购买行为，仅仅是那种充实和愉悦就已经足够。

实际上，在线上电商增长乏力的情况下，那些屹立不倒的线下门店已经充分证明了自己的价值。当阿里巴巴、腾讯、网易、京东等互联网巨头入局线下的时候，苏宁早就开设了3800多家线下门店，并由此获得丰厚盈利。

当然，不得不承认的是，线下门店确实具有成本高、客流量少、同质化严重等问题。所以，如果不在第一时间进行改进，在互联网时代肯定还是会被淘汰。那么，我们具体应该怎样做呢？可以从"扬长"和"避短"两个方面着手。

首先，"扬长"。既然线下门店的优势在于进一步优化消费体验，那么我们就能够以此为切入点对线下门店的消费场景进行升级。例如，嫁接餐饮和娱乐、通过新技术实现数字化、增加机器人导购等。

其次，"避短"。线上电商积累了各种各样的数据，对消费者的行为有

更加牢固的把握。在这种情况下,线下门店应该将数据充分利用起来,为陈列、支付、选址、备货、订单分拣等环节提供有效参考。这样就相当于打通了线上和线下,有利于在大幅度提高效率的同时把成本降到最低。

在线上电商迅猛发展的时代,"三只松鼠"毅然决然地成为一家坚果零售商,并获得了广大消费者的青睐。但是,如果仔细分析其营销"套路",就会发现线下门店是其中一个不得不提及的重要部分。

2016年9月30日,"三只松鼠"在安徽芜湖开设了第一家线下门店——"三只松鼠"投食店。开业一周以后,也就是国庆长假那段时间,该线下门店的总销售额就已经超过了110万元。"三只松鼠"投食店的外部景观和内部陈列,如图6-15和图6-16所示。

图6-15 "三只松鼠"投食店的外部景观

图6-16 "三只松鼠"投食店的内部陈列

在传统零售业遭受重创之际,"三只松鼠"为什么一定要蹚线下门店这滩"浑水"?"三只松鼠"投食店又是在什么情况下诞生的?如何保证取得如此亮眼的成绩?针对上述问题,"三只松鼠"总裁章燎原说道:"前前后后我们花了10个月的时间,为这个店到底怎样定位的问题做了很多思考:线下需不需要去,到底去线下干什么,线下的功能是什么。"

章燎原曾经说过:"线下实体店的销售功能,未来完全可以在线上解决,到线下来就是体验功能,仅仅具备销售功能的线下实体店将没有必要存在。"因此,章燎原并没有把"三只松鼠"的线下门店命名为门店或者体验店,而是将其定义为更高等级的"投食店",即只强调体验与互动,不强调销售的功能。

实际上,如果仔细分析就可以知道,"三只松鼠"投食店的最大特色就是让青春活力的年轻店员去服务同样青春活力的消费者,所以,"三只松鼠"投食店内的工作人员都是穿着统一的服装,腰上还挂着一个装满了玩具和试吃包的投食袋。另外,店内还会举办一些面向线下消费者的精彩活动,例如,音乐会、Cosplay舞蹈会等。由此来看,消费者在"三只松鼠"投食店内获得的体验和经历与任何一家线下门店都不同。

除此以外,"三只松鼠"投食店还有一大特色就是"水+轻食"餐饮区。在餐饮区旁边,不只有许多充满森林气息的元素,例如,大树、绿草、木屋等,还有一些散装设备,例如,咖啡机、装满坚果的管道。值得一提的是,装满坚果的管道一共有10根,每根的长度为3米,消费者只要把上面的阀门打开,就可以用纸杯接住掉下来的坚果,如图6-17所示。

另外,"三只松鼠"投食店内的每一款食物,都已经经过员工们的试吃和筛选,而且还拥有非常有趣的名称,例如,"甲乙饼丁""战斗民族面包""贵妃好酥"等。为了做"水+轻食"餐饮区,"三只松鼠"投食店放弃了三分之一的陈列区域,就是希望让线下门店更接地气,并通过讲述故事,将原本简单粗暴的消费体验变得更加精致。

难道说成功开设了"三只松鼠"投食店这一线下门店,实现线上线下的贯通和联动就是"三只松鼠"的最终目标了吗?当然不是。他还有更加长远的目标,这一点在三只松鼠的"SM show"中有提到。那么,三只松鼠未来的目标究竟是什么呢?其实就是"大健康、大娱乐、大品类、大消费"。

第六章
爆裂进行时：早期用户转化，成功闭环

图6-17 装满坚果的管道

对此，章燎原说道："当'三只松鼠'成为80亿～90亿元规模的企业，才有更多的资金投入产业资源，才有机会去转接未来5年中国人消费产业的变化，而当前首先要解决食品安全问题，好吃的问题，在此基础上，要加一个健康的问题。"

除此之外，章燎原还说道："我们还将持续投入大娱乐产业，但现在的影视剧植入仅仅是个开始，我们还要自制自己的松鼠影业，自制影视剧以及投资大电影。以及我们企业内部的松鼠化、娱乐化，这都是大娱乐的一部分，我们最终是要给我们的主人带来快乐。"

当大娱乐成功以后，"三只松鼠"还会向更广的领域发展，例如，与消费生活息息相关的矿泉水、洗漱用品等。

而对于大消费，章燎原做出了这样的描述：围绕消费者身边整个消费产业的整合，包括吃、住、玩、买，一个"主人"进入到"松鼠园"区，可以住"三只松鼠"的主题酒店，可以和员工玩儿，可以享受"鼠"味相投的酒吧、电影院，进行娱乐活动。这样的场景的确是非常美好，而且随着"三只松鼠"和时代的不断发展，总有一天可以成为现实。

由此可见，开设线下门店以后，很多配套设施都可以逐渐建立起来，进而形成一个完整且立体的生态圈。这样的话，不仅品牌的影响范围会进一步扩大，整个行业也会获得更加良好的发展。

即使现在是属于互联网的时代，但是线下门店在营销中的作用依然不可小觑。首先，有利于帮助品牌触达消费者，完成交付行为；其次，可以提升消费体验，增强情感连接；最后，丰富消费场景，提升营销的精准度。

八、转化爆裂工具七：社交媒体的效率

社交媒体是人们用来分享意见、经验和观点的工具，它主要包括网站、微博、微信、博客、论坛等。自2018年以来，"直播"在微博、百度等平台上的搜索热度持续上涨。这是一种将文字、声音、图像等元素融为一体，通过真实、生动的真人表演，让观众身临其境的社交方式。

其实，早在两年前，各大直播平台就作为一种新兴的社交媒体在网络上的热度持续上涨。营销人员借助直播平台的帮助，可以一夜之间将自己的产品推销给成千上万的用户，这样一趟快车，营销人员怎么会不快点"上车"。

2018年10月1日，一位网络女主播在手机上直播某高速收费站的堵车情况。因为这天是国庆节假期第一天，许多人选择在这天外出旅游，所以高速公路的收费站入口被潮涌而来的游客们堵住了。这位网络女主播在直播中吐槽道路情况，并表示自己的出行因为此次堵车受影响。很多观众见状纷纷打赏"虚拟礼物"安慰女主播，这些打赏的行为让更多的观众注意到这位网络女主播的直播间。

随着观众越来越多，女主播便开始与网友互动聊天，和观众们一起讨论自己的国庆出游计划，许多观众还在直播间分享堵车时遇见的奇特经历。这场直播一共持续了50分钟左右，到直播结束时，这位女主播的粉丝数极速上涨4000多人。

这位女主播是一名新主播，在此之前直播的时间仅有两个月，她没有大量的粉丝关注，但此次高速公路直播却成为这名女主播直播两个月以来人气的最高峰。直播就是拥有如此巨大的魔力，它可以让你一夜成名，从一个无人关注的小小主播迅速转变为知名主播。

这名女主播之所以能够快速吸引几千粉丝的关注，主要有以下3个方面

第六章
爆裂进行时：早期用户转化，成功闭环

的原因，如图 6-18 所示。

图 6-18 快速吸引粉丝关注的 3 个原因

（一）选取时间得当

这位女主播的时间选在了国庆节当天，而此时恰逢上班族的休假期，他们有闲暇的时间观看直播。

（二）场景合适

堵车对于大多数人来说并不陌生，尤其是在节假日出行的时间内，堵车更加严重。曾经有过堵车经历，或者正在堵车的人们看到这样的直播内容都会产生一种亲切感。有了情感的共鸣，关注也只是早晚的事情。

（三）观众互动

女主播在直播过程中，边吐槽堵车边与观众讨论此次"十一"节假日的出行计划。这种与观众讨论的方式增强了直播的带入感，容易引起更多观众的参与。

当然，以上只是某个主播的吸粉方式，对于营销人员借助直播平台吸引新用户的借鉴意义有限。所以，接下来将通过杜子建的营销案例进行深入探究。

2017 年 10 月 10 日，杜子建在一直播召开新闻发布会。这场新闻发布会的主角是"格格驾到"的一款新产品，如图 6-19 所示。这次直播仅两个小时就累计 3400 万的观看量，如此庞大的观看量一度引起直播卡机，为此他本人在微博对那些由于系统卡顿而无法观看直播的用户道歉。

这是一场"传说级"线上新闻发布会,现场除了微博营销教父杜子建之外，还有百余位网红"大 V"、几十位微商大咖助阵。直播中，橙意国际董事长陈青、微博营销教父杜子建、格格品牌创始人之一陈嘉逸、知名自媒体方雨、微产品牌引流大师林大亮、微商内训大师肖森舟等人也纷纷亮相。

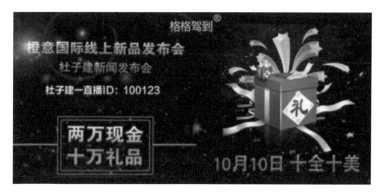

图 6-19　杜子建在一直播开启的新闻发布会宣传图

到了互动环节，杜子建在直播间派发红包、与观众互动赠送礼品，直播间的粉丝量直线上升，从 50 多万人上升至 200 多万人。此外，直播的现场火爆程度亦是不断高涨，不到两个小时，10 万份半价裸妆神器被抢购一空。应现场用户们的强烈要求，主办方橙意国际特此增加了 10 万份半价裸妆神器。

杜子健表示："此次直播新闻发布会的成功，不仅因为产品质量过硬，更重要的是它开启了一种新的商业模式，一种让消费者与经营者直接对话，这是 1+1=0 轻商业创富系统，这必将掀开微营销模式的新篇章。"

如今，直播平台这种社交媒体正在逐渐发展成大众产品、电商、制造业等品牌产品吸引用户的中心。对于营销人员而言，直播平台由于其独特的优势，通过与用户或粉丝的实时互动，具有节省营销成本、新闻效应明显、引爆性强等特点。

从杜子建的直播新闻发布会中可以看出，营销人员要想借助直播平台这种社交工具实现用户的转化，要做到一个最为关键的要求，即选取的主播自带流量。

小米无人机发布会选择在小米直播 APP 及其他的直播平台上同步播出。此次在线直播新品发布会上，雷军亲自主持，他对网友的提问进行了开放式回答。整个过程中，雷军还时不时自黑一下。

此次直播，雷军与众多粉丝"面对面"的沟通交流，提高了"米粉"们的参与度和积极性。同时，雷军本人亲自出面，将本人自带的巨大流量引入

第六章
爆裂进行时：早期用户转化，成功闭环

此次直播，为小米无人机营造了巨大的声势。

当然，举办这样一场直播对于主播的临场应变能力提出了更高的要求。即使是雷军事先做足了准备工作，也无法保障直播的顺利进行。比如小米发布会上的无人机在直播试飞过程中出现突然下跌摔毁的突发事件。

九、基于爆裂效率的转化工具选择与评估（流量大小 VS 质量高低）

无论用哪种营销方法来提升用户的转化率，流量总是一个绕不开的词。对营销人员来讲，你的第一道流量、原存量用户是最核心的。用户的获取与流量肯定脱不了关系，营销的本质还是流量的获取与转化。

但在获取流量的过程中，如果一味追求流量而忽视流量中的用户质量，则会容易出现以下3种痛点。

（1）流量转化率不高或无闭环操作。例如，某个企业的微信公众号发了一篇推广文章，阅读过万，最后却没有一个用户购买。

（2）流量作弊。流量作弊是一个普遍性问题，花钱投广告买流量，阅读量容易出现造假的现象。点击量也是如此，即便是用户留的电话号码也有可能出现造假现象。

（3）持续增长的流量获取成本。线上流量的获取成本每年都在上涨，百度每年增长3成左右的广告费，微信朋友圈的广告费用比百度还要略高，今日头条采取的是信息流广告，广告费用也是不可小觑。

所以，营销人员不能只一味追求流量大小，而忽视流量的质量。

2014年9月8日，一条自媒体在微信上发布第一条视频。15天后，该微信号上的粉丝突破100万人。一条自媒体之所以取得如此巨大的成功与创始人徐沪生的准确定位不可分离。

徐沪生是《外滩画报》前总编，他将一条的用户定位为注重生活品质的中产阶级。中产阶级在日常生活中是一个抽象的概念，它指收入水平在中等层次的阶级。关于这个阶层人们的生活方式很难下一个具体的定义，而在一条的内容中将其泛指为一种富含美学的高质量生活方式。

他之所以选择中产阶级作为目标用户，与其独特的经历和个人喜好有很大关系。徐沪生是土生土长的上海人。30岁那年，徐沪生创办《上海壹周》，该杂志以上海中等收入的用户为目标群体，5年后他又创办了《外滩画报》。

徐沪生本人十分低调，不爱交际，对于各种非必要的会议能避就避。徐沪生还有个坚持多年的习惯，每天抽出两小时读书。对于写诗，徐沪生也是颇为喜爱，他曾经出版过诗集《一个青年的肖像》，里面记录了他以往10年创作的近百首诗。"看上去高冷，但不孤芳自赏"这句话是徐沪生性格最好的阐述。

这些因素的综合之下，徐沪生对于中产阶级的消费有着自己的独到见解。在徐沪生的眼中，中产阶级不会通过手机、电脑来定义自己，却会因为一双新颖的鞋子、一盒上好的茶叶与他人谈论。前一阵儿，去海外买四五千元的马桶，后一阵儿，又蜂拥去夏威夷度假。

徐沪生认为，中国人口众多，经济发展迅速，中产阶级正在日益壮大。假如抓住了这群人，收入自然会水涨船高。至于中产阶级的人数到底有多少？徐沪生说，"马云不是说了吗，未来10~20年内，中国将有5亿中产阶级"。

早期的一条团队不过10多人，内容的创作方向也没有头绪。于是，一条团队从网络上下载了几百G的视频，对这些点击量极高的视频内容进行深入分析。他们发现，网络上点击量高的视频大多以轻松、活泼为主。依据这个发现，一条团队制作出的视频市场上反响一般。经过更透彻的研究后，一条团队决定改变视频的节奏，将背景音乐的风格换成安静的，此后一条团队才找到了感觉。

在传统媒体的辉煌时代，许多知名杂志的发行量不过10万本，但获得的收入却达到每年四五亿元。徐沪生想，以往高端杂志的品牌广告商如今也要寻找新的投放渠道，这对一条来说正是个天大的机遇。

徐沪生说："到我这个年纪，转型不转行。"他坚持过去在杂志工作时的标准，以不娱乐、不搞笑作为内容的核心。起初，这个方向并不被投资人看好，他们觉得它太小众。但徐沪生坚持自己的想法，他觉得在偌大的中国找出几百万追求文艺和品质的人还是很容易的。

第六章
爆裂进行时：早期用户转化，成功闭环

徐沪生将一条的强大吸粉能力总结出两点：一是像做杂志一样要求制作短视频；二是每天推送一条原创视频。这些视频的时间不长，仅有3—5分钟，但是，这却是摄制团队外出拍摄十几个时浓缩而来的。

除此之外，徐沪生在推广上也敢于下重注。一条发布内容的前两周，他每周投入100多万元投放广告。2016年8月，一条生活馆上线。一年后，一条生活馆的盈利是其广告收入的10倍。

一条发展速度之快是徐沪生本人也没预料到的事情，他本以为商业运营是件复杂的事，对时机的掌握会掺杂许多运气的成分。但没想到凭借着自己的坚持，以及一条团队对质量的坚持，牢牢把握住中产阶级的用户，竟然如此快的火了起来。

其实，创业最难的，还是在于决策的选择，有时要坚持自己最擅长的，有时却要自己否定自己，学习别人的经验。而一条在不断的摸索中，决心以有质量的中产阶级为目标用户，始终在中产阶级所关心的领域，如生活、潮流、文艺等，创作视频内容，从而实现成功。

从一条的案例中，可以看出徐沪生对目标用户的准确定位，帮助一条获取了高质量的流量，实现井喷式的用户增长。而如何实现对目标用户的准确定位，则需要营销人员具备以下两种思维，如图6-20所示。

图6-20 营销人员具备的两种思维

（一）小众化思维

通常情况下，在人们眼中的"小众"是指一种只被少数人认可的事情和爱好。举个简单的例子，相对于淘宝、京东，当当就是"小众"。但在如今的时代，这样的观念已经过时了。随着用户追求的个性化需求越来越多，小众不再局限于"少数人"，而应该是"人的小部分"，即企业品牌需要追求的应该是需求场景的"小"，而绝不是受众的"小"。

从这个角度来看，锤子科技的广告可以说是创造了"小众化"需求的特定场景，如图 6-21 所示。

图 6-21 锤子手机的文案广告界面

广告的内容借助科普知识而展开，将我们人类肉眼接收到宇宙星体所需要的时间进行介绍。如看到海王星反射太阳光的时间需要 4 个小时；看到银河系边缘的光至少需要 2.4 万年等，从而引出对比的内容——所有的光芒，都需要时间才能看到。

这则广告之所以会有这样的内容，是由于两个原因：第一，回击此前锤子科技受到的一些质疑；第二，表达出锤子科技不惧质疑的态度，让那些信赖锤子科技的粉丝们获得一种精神上的激励，吸引观望的潜在用户关注锤子科技。一般人在接触一个新产品前，不只要了解产品的功能与特性，很多时候还会对产品传达的理念进行简单的认知。

锤子科技的这则广告完美营造出了一个默默努力付出，以品质动人的品牌形象，满足了锤粉们的小众需求。同时，又极容易讨得普通受众的欢心，

第六章
爆裂进行时：早期用户转化，成功闭环

许多路人转为愿意了解产品的潜在粉丝也是顺其自然的事情。

（二）逆向思维

现在的市场越来越趋向于多元化，用户的想法也变得多种多样。营销人员只有具备逆向思维，从用户角度着手，才能准确定位目标用户。

一家1946年创立的汽车租赁公司——安士飞，到了20世纪末的时候，公司已经处于亏损状态。为了挽回这个局面，公司聘请广告大师威廉·伯恩巴克出手解决这个难题。

在威廉·伯恩巴克的笔下，一则广告诞生了。广告的内容是"安士飞甘愿成为出租业的第二名"。当这则广告投放到纽约市的大街上时，一下子引起了轰动，一时间，安士飞成为人们热议的话题。当广告推出两个月以后，安士飞公司扭亏为盈。当年的盈利达120万美元；第二年实现了翻倍，到了第三年营业额达到500万美元。

不过，这则广告在撰写的过程中受到了许多同行的反对，因为没有人会公开承认自己不如别人，弃第一不用而使用第二名的服务与产品。然而事实证明，威廉·伯恩巴克的眼光是正确的，当广告一经公布，就聚集了无数用户的目光。

虽然用户们热衷于选择行业第一的产品，但许多企业都是抱着这个想法，打着自家产品在某方面"位居第一"的旗号，让用户难以分辨出产品的质量好坏。这个时候安士飞"甘当第二"，就显出一种包容与自信，以诚实的诉求取得了用户的认可。

实际上，用户对于产品的选择有一种天然的不信任，而大多数企业以为可以凭借请明星代言而打消用户的不信任，这就陷入误区。所以，安士飞采用逆向思维，将自身的不足展示在用户面前，以真诚赢得用户的信任。

第七章
07 爆裂升级：从早期用户到规模用户，裂变增长

上一章我们讲到早期用户的转化，这一章我们对早期用户到规模用户的增长进行介绍。

无论是用户的规模化增长模型，还是规模化增长的 3 种战略：拉新、复购、裂变，以及运营规模用户的流量池等内容都在本章一一讲述。

一、用户规模化增长模型：低频到高频，存量带增量

互联网市场已进入成熟平稳期，人口红利逐渐消失。市场的用户增长模型从低频到高频，从增量到存量，竞争愈演愈烈。

（一）低频到高频

产品要满足的 3 个特点是"痛点、高频、刚需"。而目前较为流行的一句话是：低频打不过高频。低频常被定义为使用频次较低，用户选择率较低。但实际上低频是一个相对概念，它的本质是指满足同一群用户类似需求时，被选择的频率高低。

例如，以前最常见的打车方式是出租车，私家车属于使用频次较低的打车方式。但当滴滴打车迅速切入市场，培养大批

第七章
爆裂升级：从早期用户到规模用户，裂变增长

用户群体后，使得私家车这一打车方式成为一种主流打车方式。

又如，买房子是低频的，但物业相对于买房子是高频的，恒大就将针对自身的物业制作了一款APP，用户通过APP交纳物业费、查询物业信息，这就高频了。

所以，低频产品只是相对的，只要方法恰当，低频也能转高频，具体可以从以下几个方面进行说明，如图7-1所示。

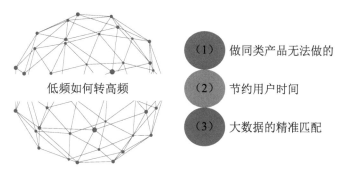

图7-1　低频转高频的3种方法

1. 做同类产品无法做的

用户的消费习惯是难以改变的。受电子商务飞速发展的影响，用户已经养成了"搜索→购买""浏览→购买"的购买习惯，商家们也因此产生了"想吸引更多的用户，就应该把产品放到流量更多的大平台上去"的想法。

但这样一来，大平台上的服务与功能都呈现出流水化与标准化，即便有大量的流量，也因为其无法展现自身特色，而无法吸引用户高频率的浏览。所以，低频想要转变为高频，可以重新定义品牌形象，做同类产品无法做的。

日本有一家企业，将普通的大米视为"文化产品"。企业为大米举行评选活动，还与服装店合作，为大米定制和服包装，甚至为大米取上不同的名字，如此一来，大米摇身一变，从食物变成了礼物。这家大米找准了差异性后，成功实现了销量的大涨。

通过这个例子可以看出，随着市场竞争的激烈，产品只有横向发展，往同类产品没有触及的领域进军，重新定义品牌形象，实现低频到高频的转变。

2. 节约用户时间

在互联网不断发展的过程中，大量信息不断沉淀，用户购买某件产品所需要花费的时间越来越多，他们需要花费大量的时间去选择心仪的产品。从心理学的层面来看，过多的选择会降低用户的购买概率，并且当这些选择十分接近时，用户会因为对比选项耗费过多的精力而直接放弃购买。因此，大量垂直细分的电商就冒出来。

蘑菇街专精于女性时尚导购产品从而开辟了新市场，而且顺势推出了"买手"功能，帮助用户挑选产品，节约时间。此外，虾米音乐的"每日推荐集"也节约了用户搜寻歌曲的时间，大获用户好评，如图7-2所示。

图 7-2　虾米音乐的"每日推荐集"界面

3. 大数据的精准匹配

大数据的精准匹配可以实现低频到高频的转变。亚马逊作为全球知名的电子商务公司，就是通过大数据的精准匹配，将网络购买书籍这种低频次的购买方式转变为精准用户的高频率购买方式，并且实现了成功。

在1995年，亚马逊首创网上购买书籍的业务。此后，亚马逊通过互联网获取了用户大量的浏览轨迹和购买需求，并不断对这些数据进行分析与整理，挖掘用户的潜在需求，最终打破了传统图书行业的营销模式，成为图书行业的一匹黑马，在不到10年的时间里将众多百年书店逼到破产。下面，

第七章
爆裂升级：从早期用户到规模用户，裂变增长

就让我们看看如果一本女权方面的新书上市，亚马逊是怎样通过大数据技术，进行邮件推广。

首先，亚马逊会从购买书籍的数据中挑选出购买过有关女权书籍的用户，以及曾经浏览过女权书籍的用户，这些人都是潜在的目标客户。同时亚马逊通过举办"女权的书籍是否得到你的青睐"的投票活动，确定潜在用户。

其次，亚马逊分析目标客户群体的共同特征，从而为他们定制最适合的促销方式。例如，浏览痕迹显示用户更倾向于低价格的配送方式，这说明用户希望能够以较少的代价购买到新书，因此，邮件推广的主题可以定义为"购买此书者，无需负担运费"。

最后，亚马逊对目标用户反馈行为进行记录。例如，目标用户收到邮件后，是否打开了邮件，又是否进入了新书的界面。通过对用户的持续追踪，可以为以后的推广活动提供历史数据。

亚马逊通过对目标用户的分析，获取了用户的需求，从而提供个性化的服务，给用户推荐他们喜爱的内容。这种以大数据为基础的推广方式将成为未来高频增长模型的基础。

在信息冗杂的今天，以大数据技术为基础，做同类产品无法做到的，为用户节约时间。无论是什么样的低频都有机会转化成高频。

（二）存量带增量

存量与增量属于经济学的范畴。映射到用户的规模化增长领域，存量与增量可以理解为：存量是指某一行业内已有的用户数量；而增量则是指新增加的用户数量。

市场上新增加的用户非常有限，存量用户才是企业生存的根本。存量用户的模型意味着用户的增长来自于竞争对手的用户。因此，市场竞争的激烈程度发生了变化，规模产品不再受到市场欢迎，创新产品更容易得到用户喜爱。

全球饮料公司可口可乐曾经在澳大利亚市场做过"Share a Coke"的营销活动。可口可乐公司推出瓶子上印有名字的可口可乐，共有150种常见的名字。如果用户的名字恰巧不在这150种内，当地的购物中心还提供定制的

服务。这场营销活动大获成功,在活动期间澳大利亚的整体销售量提升了4%。

可口可乐在中国也开展了类似的营销活动,但是与国外不同的是中国可口可乐瓶子上印的不是名字,而是时下流行的网络用语,如"喵星人""天然呆""高富帅""文艺青年"等,迎合了中国当下"80后""90后""00后"的潮流,如图7-3所示。

图7-3　在中国销售的可口可乐瓶子上印的网络用语

不同的标签昵称代表不同的群体,可口可乐通过标签圈定社群,增加用户内心的认同感和归属感,实现了品牌与个人的连接,拉近了品牌与个人的距离。

昵称瓶的瓶身内容以差异化触动了不同群体的内心,建立了情感上联系,让他们自发的分享与互动。同时,由于可口可乐消费主体主要是年轻人,这部分用户大多数都热爱使用社交媒体,于是,可口可乐通过明星在社交媒体平台的宣传,借助明星自带的热点话题,吸引了大量年轻人的关注。

这些年轻人当中有许多并不喜爱喝可口可乐,但此次活动却让他们对可口可乐产生了浓厚的兴趣,而一些原本是其他饮料产品的用户也因为昵称瓶开始关注可口可乐。在未来的某一天,这些年轻人有可能会成为可口可乐的增量用户。

对存量的优化创新,往往会决定某一时间段用户规模化增长的效率和速度,如果优化创新得当,可以达到存量带增量的效果。但在这一过程中,我们需要用不同的技巧,从不同的角度去寻求促进用户规模化增长的方法。

二、规模化增长战略一：拉新

拉新是指营销人员通过某些方式（活动、奖励、明星代言等方式），吸引新用户加入。而老用户或已经加入的用户自发地邀请新人是最好的低成本拉新方式，任何营销人员都需要尝试，而其中的关键要素就是通过关系链告诉目标大众"我在干什么，你要不要来？"

2014年，有一项活动可谓是形成了全球性的裂变式传播，这项活动就是"冰桶挑战"。这场零成本的活动一经推出就引爆了互联网，并且把营销信息传递给每一个人，并且为信息的曝光和影响力，创造了增长的动力。

"ALS冰桶挑战"（ALS Ice Bucket Challenge）是由美国波士顿学院前棒球手，患有ALS的皮特·弗拉特斯（Pete Frates）发起的活动。该活动风靡全球，旨在让更多的人了解渐冻人这种罕见的疾病，且达到募捐的目的。冰桶挑战漫画图，如图7-4所示。

图7-4 "冰桶挑战"漫画图

活动要求参与者将冰水浇遍全身，点名其他3个人一起来参加这个活动，并将全过程发布到网上。被邀请者在24小时内可以选择接受挑战，或者捐出100美元。短短几天时间里，从国内到国外，各界名人纷纷响应。国外有比尔·盖茨、扎克伯格、罗纳尔多、贾斯汀·比伯等，国内有雷军、李彦宏、刘德华等。

毫无疑问，作为一个零费用，在极短时间内引爆无数人关注的"冰桶挑战"

活动，可谓是互动式营销的经典案例。这个挑战伴随着发酵的名人效应，从7月29日到8月12日，ALS协会总部一共收到了230万美金的捐款，而2013年的捐款只有2.5万美金。到8月20日的时候，捐款数已经高达1140万美元，效果非常明显。

"冰桶挑战"以慈善作为核心元素，借此希望能够引起人们对肌萎缩性脊髓侧索硬化症的关注。而加上大量知名人士的参与，涉及政治、商业、娱乐等各个方面，这也是致使"冰桶挑战"形成裂变式传播，引起全球用户关注并参与的关键因素之一。

"冰桶挑战"在传播方式和规则上也是有有利因素的，以直接往身上倒冰水的形式，能够让大众看到那些在平日里光鲜亮丽的名人，在浇水之后的"狼狈"模样，能够满足人们的围观心态。而且和之前那些煽情的慈善活动不同，这个慈善项目让人耳目一新。

接下来，就从冰桶挑战赛的规则设定出发，剖析其到底是如何引发全球无数人的持续关注，并不断自发加入其中，具体如图7-5所示。

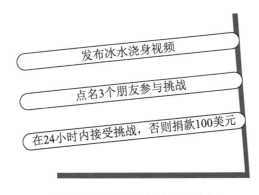

图7-5　冰桶挑战赛的规则设定

（一）发布冰水浇身视频

1. 操作简单

一个活动之所以能快速吸引大众关注，最快速有效的策略便是参与者的身份地位要高。但这些人物的时间宝贵，如果一个活动规则设置复杂，完成时间过长，很可能难以吸引这些人物的参与。因此，"冰桶挑战"的活动规则设计十分简单，只需要冰、水、桶，朝着头顶一浇，全过程时间不足3分钟。

2. 多种渠道推广

冰桶挑战者完成挑战后将视频发布在网络上，由于网络传播途径的多样化，十分容易形成大范围传播，紧接着便有可能形成从众效应。假如你的朋友参与了，在他的带动下你很有可能也会参与。

3. 规则有趣

冰桶挑战活动中，参与者需要将一大桶的冰水浇上身，这彻底满足了大众围观的心理：看上去很好玩。虽然此次活动发起是在夏天，但是如此一大桶冰水倒头而下，没有几个人能不打冷战的。而且平常百姓何时见过如同落汤鸡一样的比尔·盖茨、雷军、刘德华。但现在却有这个机会同时看见一大群明星浇成落汤鸡的模样，因此，大众传播的热情也是空前高涨。

（二）点名3个朋友参与挑战

第一，点名3人参与最大程度上保证了该活动延续性，只要3个人中有一个参与，那么他就可以重新点名3个朋友参与，等于把一个即将熄灭的火苗再次点燃。

第二，从心理学角度看，参与者很多时候会选择较为熟悉的朋友参与挑战，对于朋友是否参与挑战，邀请者必然是有较大把握的。

（三）在24小时内接受挑战，否则捐款100美元

24小时的时间限制有效保证了"冰桶挑战"的热度。这就是使得每间隔24小时，冰桶挑战都能寻找到一波新的参与者，不断掀起新的热点。

假设A被淋成落汤鸡，然后A点名B参与，观众便会快速围观挑战者B，B挑战结束后，观众又会围观下一位参与者。同时，对于绝大多数参与者来说，100美元不是问题。因此更多的参与者选择既捐钱又参与。如此一来，"冰桶挑战"完成了活动的初衷，又保证活动顺利延续。

"冰桶挑战"这种现象级的活动，自然是可遇不可求的，但上述规则对

于大多数营销人员来说，依然可以起到借鉴作用。拉新的本质是吸引新用户加入，因此，如果能够激发老用户自发邀请的热情，或已经成为用户的这批人，帮助你找到用户，也就能够实现用户的大规模增长。

三、规模化增长战略二：复购

如今的营销领域，拉新的成本逐渐攀升，新用户大多都是奔着新用户的优惠来的，这些用户大多只会进行一两次的购买行为。例如，许多用户第一次购买是因为优惠券或红包补贴的原因，而纯优惠券驱动下的用户不具有较强的黏性，他们对于企业产品的忠诚度十分低。

那些多次对某品牌产品或者服务重复购买的用户，表明该用户对品牌的忠诚度极高。忠诚度高的用户可以称为粉丝，粉丝经济的效应相信不少营销人员已经认知到其价值。那么营销人员该如何来促使用户转化为粉丝，提升复购率呢？

首先，我们需要对复购率的计算方式有所了解，复购率一般有两种计算方式。

第一种是所有购买过产品的用户，以每个人为单位计算购买产品的次数。例如，有20个用户购买了产品，10个用户重复购买，复购率为50%。

第二种是按交易次数计算，以单位时间内重复购买的次数与总交易次数的比值作为衡量标准。例如，某个星期内，一共产生了50笔交易，其中有10个人有了二次购买，这10人中的5个人购买了三次，所以，实际的购买次数达到30次，复购率为30%。

在前面已经谈到，获取新用户的成本越来越高，而所获取的新用户成功注册会员，又会缩减不少，而会员转化为有效下单用户又会缩减很多。而许多新用户下单是受优惠券或者补贴驱动，一旦补贴停止，这些新用户可能就不会继续购买产品。这种依靠优惠驱动的复购率的提升是难以持续的，而这种方式带来的营业额增长具有虚假性。

因此，若以单次成交为运营重点，获取新用户成本依然十分高昂，这种烧钱的方式并不适用于所有的产品，而且从长远来看，实现用户的大规模增

第七章
爆裂升级：从早期用户到规模用户，裂变增长

长也是十分艰难。所以，大多数时候，营销人员都会采用第一种方式作为复购率的计算方式。下面将以近几年比较热的套路为例，对提升复购的 3 大策略进行解析，如图 7-6 所示。

图 7-6　提升复购的三大策略

（一）会员卡

会员卡这种模式可以说已经被商家实行过无数次，如图 7-7 所示。

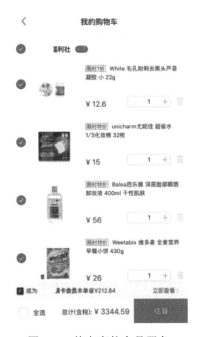

图 7-7　某电商的会员服务

这是一种已经几乎没有新意的模式，但这种模式却是可以实实在在赢得忠实用户。近几年，越来越多的电商平台将这一策略运营到线上店铺中，目

的是绑定用户。当用户看到"成为会员,满 400 可打 8 折,全年订单免运费"此类的优惠时,想必不少用户都免不了动心,毕竟如果成了该店铺的会员,买任何东西无须担心运费,而且还有实在的优惠。采用该套路的有京东的京东 plus、小红书的黑卡等。

(二)硬件提升

随着技术的发展,手机、计算机不再是唯一的购买载体,很多电商都做了载体延伸,例如,亚马逊的 Kindle、喜马拉雅的小雅、Echo 等。其中,智能音响 Echo,只要用户对智能音响说帮我买一双球鞋,或者帮我买一支钢笔,它会回答是之前的那一件吗?然后购买行为就完成了,这种硬件提前帮用户设置好"下单程序",只要用户一句话,就可以产生购买行为,从而激发用户持续复购。

(三)精确化推荐

精准化推荐是大数据的一种应用方式,依据用户的消费习惯与浏览行为,预测用户可能要购买的产品,进而在用户浏览的页面中推送用户所关注的内容。这是一种洞察式营销,基于用户过往的行为,预测同一个周期后消费者的消费行为。

《纽约时报》报道过这样一则新闻:美国阿波利斯市一位高中女生的父亲怒气冲冲地前往塔吉特超市,质问其经理。原因是塔吉特超市竟然私自向自己的孩子邮寄婴儿尿布样品和配方奶粉的折扣券。

这位父亲不断发泄自己的不满:"你们是希望我的女儿怀孕吗?"当时,塔吉特的经理连连向女孩的父亲道歉,才使得这场风波得以大事化小,并未引起后续的不良影响。然而事情在几天后得到反转,塔吉特超市的经理再一次拨通电话表达歉意时,这位父亲在电话中却表现出极大的歉意,他说:"他女儿确实已经怀孕。"这件事情在《纽约时报》报道以后,在网站上迅速传播,引发广泛的热议。

故事讲到这里也就告一段落,但塔吉特到底是如何做出这样神奇的预测呢?原来,塔吉特建立了一个完善的用户信息数据系统,并且还组建了一支

第七章
爆裂升级：从早期用户到规模用户，裂变增长

强大的数据分析团队。

根据塔吉特建立的数据模型，当用户的购买记录与准妈妈购买记录十分接近时，系统就会对用户是否"怀孕"做出预测，并依据不同时期购买的物品，对用户处于"怀孕"的哪一个阶段进行预测。然后塔吉特依据用户的孕期阶段，为这些准妈妈们推荐相应的产品，并推送相应的优惠券，从这里也就解释了塔吉特超市向这位女高中生邮寄婴儿尿布样品和配方奶粉折扣券的原因。

根据上面的思路，如果将用户需求依据意愿进行分类，就可以提升其复购率。有研究显示，用户一般分为4类：5%的准用户是认同产品的优质用户，需要立刻联系；30%的意向用户，他们购买愿望强烈，但很喜欢多比较几家产品，并且最终根据自己判断选择产品；35%的潜在用户，他们有潜在需求但目前并不迫切，需要销售人员引导他们提前购买；剩余的30%是无效用户，这部分属于正常耗损，无法避免，只能降低。对于这4类用户，所采取的策略也各不相同。

1. 5%的准用户

对5%的准用户来说，他们已经认同了企业或产品。比如，搜索企业的品牌名，直接点开企业网站页面等。此类用户人数相对最少，但是转化率最高。

2. 30%的意向用户

30%的意向用户通常具有十分强烈的需求，他们渴求产品或服务解决自己的实际需求。以手机行业来说，用户需要购买一个新的手机，于是，他会在一家自己比较信赖的手机品牌中购买手机。

讲到这里，相信大家都注意到一个细节，用户选择产品的时候是以"自己信赖"为依据的，到底为何会出现这样的情况。原因很简单，因为用户在网络搜索时，唯一能够判断的标准就是看到打开的众多页面里，哪几家网站提供的信息看上去可以解决他的实际问题。锁定几家网站以后，他会分别咨询，然后从中选择一家服务态度好、交流顺畅的网站完成最后的交易。相对来说，此类用户是比较容易转化的。

3. 35%的潜在用户

对35%的潜在用户来说，他们短期内没有成交的意向或者说成交意向不明确。通常情况下，他们搜索的目的是收集资料，为日后可能的成交做准备。代表此类受众需求的搜索记录比较容易分辨，一般以某个领域关键词为主。例如，"电热毯""手机保护膜""洗衣机"等。此类用户转化比较困难，因为需求并不是非常迫切。

4. 30%的无效用户

除去前面的70%用户，剩余30%的用户基本属于无效用户，此类用户几乎没有转化。比如，匹配出来不相关的关键词或是无意中点开页面等，此类用户几乎没有转化。

用户的规模化增长战略中，复购是一种必不可少的方法。而随着互联网的发展，营销手段肯定会越来越丰富，但无论何种营销手段都需要依托于产品本身。营销人员既要与时俱进，专注于业务本身，又要从用户的使用场景出发，深刻理解复购的本质，才能在正确的阶段做出正确的决策。

四、规模化增长战略三：裂变

裂变营销，也就是用户自发的传播，如《道德经》原文"道生一，一生二，二生三，三生万物"是同一个原理。产品要裂变，首先要有一批用户愿意分享；其次要有社交传播渠道，通过第一批用户的社交分享，实现大面积传播；最终达到用户数的几何式增长。

2016年7月10日，新世相与航班管家APP联合举办了一场"逃离北上广"的活动。同一时刻，新世相微信公众号发布了一篇名为《我买好了30张机票在机场等你：4小时后逃离北上广》的文章，在不到1小时的时间，这篇文章的阅读量就突破了10万次。

活动的内容大致如下：

在当天上午的8点到12点，参与者只要赶到北京、上海、广州3个城

第七章
爆裂升级：从早期用户到规模用户，裂变增长

市的机场，就可以获得一张往返机票，这张机票可以带参与者飞往任何一个美好的目的地。此外，这场活动还有300元的酒店补贴。经过活动与文章的双重宣传，许多北上广的青年踊跃报名参与。文章中关于"逃离北上广"活动的参与流程与注意事项介绍如下。

（1）到达北京、上海、广州3个城市的机场。

（2）关注"新世相"微信号，然后回复"逃离北上广"就可以获得机场准确集合地点。这里需要注意的是，参与者必须要用跑的姿势到达机场，否则就无法知晓自己的飞往目的地。

（3）新世相和航班管家的工作人员已经在机场等候，必须顺利拿到30张飞往未知的国内旅行目的地。北京14张，上海、广州各有8张。

（4）前30名赶到机场的参与者可以获得这张机票。如果需要，新世相可以给你老板拨打电话请求假期。

（5）活动时间：2016年7月8日上午8：00～12：00，两天后返回。

（6）通过新世相微博后台获取的机场集合地点，系统也会依据先到先得的原则，给最先回复的人发送集合地址，这是为了避免聚众而引发的安全隐患。

（7）参与者可以通过平台实时查询已出发人数和集合地点。

（8）此次活动可以通过独家支持平台"一直播"APP观看，3个直播间分别是：新世相、新世相上海直播间、新世相广州直播间。

（9）此刻做自己的主，说走就走。

新世相此次举办的"逃离北上广"活动毫无疑问引发了全民关注，而《我买好了30张机票在机场等你：4小时后逃离北上广》这篇文章在微信朋友圈的广泛传播更是进一步炒热了话题。

北京、上海、广州是众多漂泊人士奋斗的城市，这3座城市由于其强大的发展活力，在国内属于一线发展城市，也因此被许多人称为"北上广"。生活在这里的漂泊一族承受着较大的生活压力，在这3座城市生活的漂泊者们承担的房租、饮食等生活费用比其他城市高出一截。于是，近几年来，"北上广"这个词开始越来越被漂泊一族所提起，它也成为如今这个时代常见的新潮热词之一。

而新世相便借着这个新词的热度，结合漂泊一族渴望释放生活的压力，

在活动中以"此刻做自己的主,说走就走"为核心主题,让漂泊一族感受到一种被认可的感觉。当造势、合作、新潮与用户紧密结合在一起的时候,该活动自然会被很多人追捧,自发传播。这也正是为什么新世相的文章发布后的 3 个小时内,便能实现微信阅读量破 10 万次。

综上所述,传播渠道的选择对于裂变营销的成功尤为重要。试想一下,如果新世相不是通过微信发布文章,而是选择在一个名不见经传的小网站发布,那么最终的结果可想而知。所以,对于营销人员而言,选择流量大的传播渠道,如微信、今日头条、抖音、微博、贴吧等,借用这些平台的力量,提升裂变营销的推广效果,不失为一个好方法。

(一)抖音

最近几年,抖音处于流量红利期,其用户数量处于快速增长中,而抖音上的营销方式相对来讲还并不成熟,所以在抖音上进行裂变营销可以取得更为出色的效果。

海底捞在餐饮界一直都很有名气,借着抖音的春风,海底捞又一次提升了自身品牌的影响力。

开始的时候,只有零散的食客将海底捞的食物拍成视频传上抖音,后来又有人用抖音视频的方式赞扬海底捞的服务,慢慢地抖音上越来越多的人开始关注海底捞。再后来,海底捞见抖音的热度不断攀升,干脆以官方的名义在抖音开设账号宣传海底捞。

海底捞在抖音的创新速度极快,一天一个新玩法,今天玩海底捞挑战,明天换个食物立刻卷起一波新的挑战。此外,海底捞线上线下的紧密配合能力也是令人惊奇,今天有人尝试新吃法,第二天有人去海底捞立马就能点上这个套餐。

海底捞将服务、产品结合线下场景,让用户参与其中,借助抖音的传播渠道,吸引了新一轮的用户加入。

(二)微博

据 2018 年上半年的数据统计,中国微博用户已经超过 3 亿。由此看来,

第七章
爆裂升级：从早期用户到规模用户，裂变增长

全国使用微博的用户群体庞大，微博具有很大的影响力，如果通过微博推广头条号必然会带来巨大的流量和利益。

陆毅、张丰毅等人主演的反腐大剧《人民的名义》之所以能够实现收视率破8亿，刷新2011年《回家的诱惑》保持的收视纪录，便是依靠着微博推广的帮助，成功引发热议。

芒果台在新浪微博上发布了剧集的概念和阵容宣传片，主演陆毅转发该微博，众多自媒体发声、老牌演员助力和发布阵容宣传片，自然而然推动"人民的名义"话题蹿红网络。

紧接着人民日报官微、一点茄子酱等发布信息宣传，就此，再次激起《人民的名义》的热议浪花。截止到2017年3月30日，人民日报官微该条微博转发接近20000次。

最后，官方媒体也顺势开始宣传该剧，许多知名"大V"也加入助阵。大量媒体的介入，自然再度推动该剧的网络热度，从而使得该剧被越来越多的人注意到。《人民的名义》在无数微博"大V"的宣传造势之下，正式走红。

（三）今日头条

截至2018年10月，今日头条的千人万元计划签约账号超过800个，礼遇计划奖励账号超过900个。而早在2017年，头条号平台每月流量分成接近1亿。如今的今日头条已发展成一个集文章、图集、短视频、问答为一体的超级平台。

当自媒体行业的各位大咖，都在尽可能的寻找增加粉丝流量的策略时。一个有评论机会绝不放过的厨子——李奇斌突然在今日头条火了起来。

李奇斌发布的内容并不精彩，观点也并不精深，可就是这样的一个自媒体人，却取得了90多万粉丝的支持。李奇斌的成功到底有何过人之处？实际上李奇斌只做了一件事——在明星的发言下方留言。千万不要小看这件事，要知道明星只需发布一个感想、兴趣、心情在加上一个图片，就能轻松获得近百万的流量。

李奇斌正是经过仔细思考后，找到了最有效吸粉的捷径——明星粉丝。明星的粉丝对于内容并不过多在意，他们更在意自己有没有了解到明星的动

态,知道明星正在干什么。

正是瞄准这一契机,李奇斌便总是在明星的评论区出现,几乎每一个明星的评论区都有他的身影。如此一来,李奇斌的曝光率可想而知。而李奇斌发布的评论,坚持以互动性评论为主,引发明星粉丝参与其中。这就相当于,李奇斌借助明星自带的流量与数百万粉丝互动,从而最终实现引流的目的。

例如,"不被厨子关注的演员不是明星演员",这句话一般人听起来可能并没有什么特殊的含义,但如果被明星的粉丝看到则会引起激烈的争论。许多明星粉丝天天都能看到李奇斌的言论,从而激起了无数明星粉丝们的好奇心。好事之人则发出通告,如果谁能抓到"厨子",便能获得相关的奖品。这些活动,更进一步放大了李奇斌的品牌宣传。

从李奇斌的成功之路来看,其实并不难,而难的是如何坚持下来。李奇斌的成功,证明了今日头条强大的引流能力。对于许多营销人员来说,借助今日头条的流量不失为一种便捷的用户增长方法。

五、运营规模用户流量池

运营规模用户流量池,实际上是一种思维,它是指通过利用各种手段获取流量,通过对这些流量的运营,获得更多的流量,循环往复,周而复始。这就要求营销人员在做任何品牌宣传时,都需要考虑效果转化。这意味着单纯的品牌传播时代一去不复返,营销人员必须依靠一切手段蓄积流量。具体来说,可以从以下两个方面着手,如图 7-8 所示。

图 7-8 营销人员蓄积流量的两种方式

第七章
爆裂升级：从早期用户到规模用户，裂变增长

（一）粉丝到会员

互联网时代，用户就是一切。对企业而言，最有价值的用户是什么呢？毫无疑问，答案是粉丝。但是，对于大多数知名品牌来说，实现粉丝到会员的跨越才是他们所追求的。

2017年12月31日，罗振宇的第三场跨年演讲开幕，演讲的主题是《时间的朋友》。等到跨年演讲结束后，得到APP新增注册用户120万人，其中成为会员的用户自然也是数以万计。其实早在两年前，罗振宇的第一场《时间的朋友》开幕，"罗辑思维"就成功实现了粉丝变会员。下面让我们看一组数据。

2015年11月4日6：30，跨年演讲《时间的朋友》门票开始预售。
99张4万元一套的20年VIP联票，28分钟售完。
7：30出售的300张3.6万元一套的VIP联票，7个小时售完。
500张，单价约2000元的内场VIP联票当天售完。
预售联票总收入约1500万元左右。
3000张外场门票，价格分别为880元一张、1280元一张不等，也基本售完。

演讲当晚水立方会场的入座率估计在90%左右。而《时间的朋友》在优酷的播放量接近550万次（包含直播与重播），演讲当晚，优酷会员增加8万多人。

"罗辑思维"通过和优酷共分广告费，加上门票收入，以及BMW、滴滴等企业的广告赞助，整场跨年活动后，预计取得总收益达到2000万元。之后的几天之内，朋友圈、微博热搜、百度贴吧等都被这场《时间的朋友》演讲刷屏。

《时间的朋友》虽然花费了较长的时间准备，但比起最终的收获却是值得的。这场《时间的朋友》之所以取得如此巨大的成功，实现大量的粉丝变会员，其实源自以下几个因素，如图7-9所示。

图 7-9 《时间的朋友》取得巨大成功的因素

1. 明确目标

演讲目标不明确是大多数演讲的常见问题。实际上,任何一场成功的演讲都存在着一个明确目标。乔布斯历年在苹果发布会演讲都是为了让用户对苹果产品产生购买欲望。现在,回过头看,罗振宇的《时间的朋友》跨年演讲的目标到底是什么?这个目标绝不可能只是传授一些知识,教会听众如何赚大钱,实际上它真正目标是让更多的粉丝认可"罗辑思维",加深对它的信任,从而付费成为会员。

所以,成功的演讲者也必定是一个推广高手,既不强买强卖,也非自卖自夸,而是让用户被他的内容与观点打动,从而不自觉的下单付费成为会员。当然,此时的用户对于会员的价格也就并不过多在乎,因为人的消费决策向来都是凭借感性驱动。

2. 找准听众的胃口

演讲高手与常人准备演讲的最大不同在于,常人演讲之前将重心放到制作精美的 PPT 上,或是准备言辞优美的演讲稿上,而演讲高手却是提前找出听众的需求,然后一针见血地说到听众的心坎上。

《时间的朋友》的演讲现场观众达到上万人,线上直播观众更是数以百万计,如何在几个小时的时间里满足这些人的需求?

从百度指数上看,"罗辑思维"的用户大多数在 30 ~ 40 岁。只要稍微对这些用户进行分析,就可以了解到这些用户的需求特征:渴望成功、常常

第七章
爆裂升级：从早期用户到规模用户，裂变增长

焦虑、对生活不满意、投资自己、乐于尝试新事物。

为此，罗振宇选择这些人最感兴趣的话题，例如，"妖股"、O2O大战、IP、互联网公司发展等。通过对这些话题进行深入分析，抛出别具一格的观点，吸粉丝关注。

罗振宇几个小时的演讲内容，全部都是围绕着这几个话题进行的，继而一点一滴地点燃用户、让用户为知识而付费。所以，演讲推广时一定要注意，演讲者只需要满足大部分人的需求，而不用满足所有人的需求。

3. 逻辑与情感并行

有的人演讲5分钟，台下的人就昏昏欲睡。而罗振宇的几个小时演讲，却让现场万名听众精神抖擞。造成其中差异的主要原因就是罗振宇的演讲内容逻辑清晰，听众可以时刻把握演讲主题；同时，罗振宇善于运用思维与故事激发用户的情感。这里摘取一部分2015年"时间的朋友"演讲的开场内容。

"欢迎各位，时间的朋友，看看40年前的我，变化也不大。过去过得不爽的人，叫作时间的朋友，当你有些事情没有做，会有淡淡忧伤，常常有这样的时刻。很多年前我失恋了，去香山坐缆车。只有我一个人坐，半山腰狂风大作，前不见古人后不见来者，觉得命就扔在那里，我发誓我能安全下山就好好做人，做一个脱离低级趣味的人，当然后来并不管用，下山后该怎样还是怎样。"

《演讲圣经》作者杰瑞·魏斯曼指出："一定要记得演讲开场的重要性。若在前90秒失去听众，很可能一路输到底，绝对没有第二次机会修补第一印象。"罗振宇作为演讲大师，深知开场90秒的重要性。所以，在开场的内容便通过述说一段自身经历转变而来的小故事，吸引听众的注意力。一般来说，在开场时，宜采用向观众抛出问题、展示惊人的统计资料，或述说让人感兴趣的小故事等形式吸引听众关注。

4. 演讲结构清晰

罗振宇在开场中抛出诸多问题，如互联网恐慌、资本寒冬、两只"妖股"、

IP大爆发、支付大战、阿里巴巴的数据帝国等。之后再继续对这些问题进行细致的回答。如图7-10所示，对资本寒冬问题的部分解答的现场。

图7-10 对资本寒冬问题的部分解答的现场

罗振宇通过将问题的答案总结为脑洞大开的观点，以自问自答的方式使得整场演讲结构清晰完整。

5. 欢笑与震撼并存

如果仅仅只是演讲结构逻辑清晰，听众是不会买账的。一场演讲会的成功，欢笑与震撼是无法缺少的调味剂。如下所示，罗振宇在演讲中的部分段子。

"资本就是估值繁殖中分化出来的一支。"
"每个资本都在打造自己的后宫，姨太太多了一个，无非是多了一双筷子。"
"猫羡慕狗的时候，狗真的那么好受吗？"

罗振宇的演讲中充满着各种有趣的段子，在听众感到乏味时可以会心一笑，同时，段子的惊奇比喻让听众震撼。

一场成功的演讲推广，绝不是一件简单的事情，它需要经历千锤百炼方能修成正果。准备一场10分钟的演讲，或许准备几天，精读演讲通稿即可。但准备一场几个小时、万人规模的演讲，除了需要掌握演讲要领以外，还需要缜密的策划思维、非同一般的幽默感、无与伦比的自信，而最重要的是将零碎的知识杂糅罗振宇的演讲。能够满足以上几点，这也正是"罗辑思维"为何能够吸引无数粉丝成为会员的原因之一。

第七章
爆裂升级：从早期用户到规模用户，裂变增长

（二）机构用户

众所周知，如今正是流量红利消退的时代。无论是中小企业，还是大企业都面临流量不够、流量贵的难题。与此同时，大批互联网企业涌向线下，各种无人商业火爆的背后是流量不够、流量贵。

急功近利，"急功"是要快速建立品牌，打响知名度，切入市场，获得流量；"近利"是在获得流量的同时，快速转化成销量，带来实际的效果。

在这样一个时代，营销人员需要通过拉拢其他机构用户，获取这些机构的流量，或者直接从其他机构用户手中抢走流量，实现品牌崛起。

2015年6月25日，神州专车发布了"九宫格"的文案海报，海报的主题为"Beat U！我怕黑专车"，并聘请了顺顺留学创始人张扬、中国女子马拉松纪录保持者孙英杰等业界精英为其代言，海报中内含有"黑车、安全、私家车"等字样，剑指Uber。

在这次宣传中，"怪蜀黎"三个字引发网友疯狂吐槽。原来"怪蜀黎"中的"黎"是个错别字，该词本应该是"怪蜀黍"，与怪叔叔谐音，但神州专车的海报上却误将"黍"写成"黎"，这一小小的失误引起了网友的广泛讨论。海报图如图7-11所示。

图7-11 神州专车海报上的"怪蜀黎"

事件的起因是缘于 Uber 司机最近频繁发生的负面事件。神州专车打算以此为突破口，在海报中阐述自己坚决抵制黑专车，并且言语中有些激烈，引起许多 Uber 用户的不满。不过，其中也有一部分的 Uber 用户受到动摇，开始考虑是否试试神州专车。而且神州专车在第二天晚上，发布了一封号称"最诚恳的道歉信"，信中的部分内容如图 7-12 所示。

图 7-12　神州专车的道歉信

在"道歉信"中，神州专车分别向网友、用户、搜狗输入法及 Uber 表达了歉意，并在其中暗示神州专车的安全性仍然领先 Uber 一筹，并在道歉信的末尾抛出"周五至周日 3 天，连送 3 天代金券"的补贴活动，促进用户消费。

神州专车的这次营销可谓一波三折，但最终仍然是取得了最终的成功。在这场风波过后，广大网友知晓了神州专车的存在，而且一部分的 Uber 用户也转而开始使用神州专车。

从"罗辑思维"到神州专车的"黑专车"挑战可以看出，运营规模用户流量池的本质就是通过将流量不断循环使用，用已经有的流量，带更多的流量，或者吸引其他的流量填补到自身的流量池中，完成早期的用户裂变增长。

FISSION GROWTH

第三部分

———

行动：成为爆裂独角兽

第八章
分析品牌价值网络

品牌价值可以为企业带来持久的用户转化,以及更多的间接收益,这也是企业区别于同类竞争行业的重要标志。所以,对于品牌价值网络的分析显得尤为重要。本章将横向分析上下游产业,纵向分析竞品、伙伴等相关利益者,从时间维度上追溯品牌 DNA 与愿景等方面对品牌价值网络的分析做出全面的阐述。

一、第一维:横向分析上下游产业链

上游企业处于整个产业链的开端,主要职责是原材料的采掘与供应,零部件的生产与制造等。下游企业处于产业链的末端,主要负责加工原材料、制造成品、提供服务等,这二者之间是相互依存的关系。

具体来说,如果没有上游企业的原材料,下游企业即使有再大的本领也难以施展;而要是没有下游企业的加工、制造,以及产品投放,上游企业的原材料也难以发挥真正作用。

在这种情况下,即使处于开端的上游企业也需要与下游企业同甘共苦、谋求共同发展;而下游企业也不需要妄自菲薄,看低自己。唯有二者联合,才能将品牌的最大价值充分发挥。

2018 年,全国十大"苹果之乡"之一的山西临猗获得了大丰收,但这一次的大丰收却造成了大量的苹果滞销。原来,在

第八章
分析品牌价值网络

2017年，临猗被冰雪封山，产出来的苹果并没有完全售罄，而2018年的苹果大丰收，更是加剧了苹果滞销的情况。于是，伍亩田通过电商渠道帮助果农们解决了这一难题。

伍亩田是深圳一家做水果电商的企业，当听到临猗有大量的苹果滞销时，企业负责人专门从深圳赶到临猗为果农们出谋划策。经过多重考虑，伍亩田决定以快递邮寄的方式将这些苹果运往深圳，而且不从中收取任何费用，只做义卖活动。

最终，在与果农们协商以后，滞销苹果的价格定为了3.3元一斤。因为这个价格比深圳苹果的平均价格低了近两元，所以只用一天的时间就卖出了200万斤，成功将果农们的损失降到了最低。

实际上，在上述案例中，临猗的果农们本来有机会解决苹果滞销的问题，例如，将滞销的苹果出售给制作果酱、果汁、水果罐头的厂商。但是，由于他们并没有对苹果的价值进行过多挖掘，最后导致了这样非常不好的局面。

幸运的是，问题总算得到了圆满的解决，而且还得到了意想不到的收获。一方面，临猗的果农们将苹果卖了出去，获得了非常丰厚的收入，并在深圳打响了名气；另一方面，伍亩田借此机会提升了自身的口碑与形象，进一步扩大了影响范围。

无独有偶，白酒品牌江小白通过与下游企业的联合，成功打开了市场。江小白刚刚挤进市场的时候，经历过两个非常重要的阶段：一个是在四川成都；另一个是在河南郑州。

白酒行业有句名言："西不入川，东不入皖。""川"即四川，江小白的第一战，就是在四川成都开始的。江小白选择与雪花啤酒进行渠道合作，当时雪花啤酒在成都的配送商超过200个，市场占有率超过75%。

对于江小白这样初出茅庐，甚至还没有正式成型的品牌来说，雪花啤酒的成绩是其所望尘莫及的。但是，借助雪花啤酒的渠道，以及啤酒与白酒的旺季互补，江小白成功的在成都站稳了脚步，打响了名气。

随后，江小白在河南郑州推出了青春版，宣告第二个阶段正式开始。在青春版推出之前，江小白通过深度分销已经慢慢渗透到郑州的各个餐饮网点，打通了渠道，完成大面积的经销商覆盖，铺货率高达70%。

另外，青春版和原版的不同之处在于，后者使用的是磨砂瓶，而前者使用的是透明玻璃瓶。通过这样的设计，江小白实现了差异化的初级布局。

麦肯锡曾说过："绝对的销量产生绝对的品牌。"产品与品牌是相辅相成的，好的产品有助于品牌的快速形成。江小白通过与雪花啤酒、各个餐饮网点等的合作，成功打开了成都、郑州的市场，实现了销量的暴涨，推动品牌价值的产生。

综上所述，伍亩田与江小白的成功与上下游产业的合作密不可分，二者都借助这些产业，保障了自身的形象及传播的有效性。不仅如此，二者的成功还与战略规划有着重大的联系，其中，伍亩田将自己视为一个单纯的电商出售渠道，江小白把自己定位为适合年轻人的消费品，这种出色的战略规划有利于提升了各自的品牌价值。

除了伍亩田与江小白以外，盒马鲜生的产业链模式也为我们提供了新思路。每天下午4点，盒马鲜生都会根据销售数据和其他原因，把第二天的销售计划发送到崇明合作农场基地，那里的农民就会根据销售计划进行采摘、包装，然后冷链到盒马鲜生的门店。

这些经过精心包装的产品，不仅价格公道，而且消费者可以拿起就走。在当天，如果还有很多没有销售完的产品，盒马鲜生就会将其发送到餐饮生熟联动的链条上，加工成餐饮进行销售。

像盒马鲜生这种B2B型的产业链模式，可以避免消费者选择标准化的产品，而后续的生熟联动方案，则有利于减少其他新鲜产品的运费及损耗。据相关数据显示，在传统的超市当中，蔬菜的消费率高达20%～30%。这使得盒马鲜生在仅占毛利润的10%的情况下，可以制作出适合每家每日三餐的"每日新鲜"产品。

在创始人胡毅的精心打磨下，盒马鲜生的产业链模式既精致又具有柔性化，这不仅有利于实现精确、经济的供应，而且还可以为农民和消费者带来实实在在的利益。

对此，侯毅说道："从农民来讲，可以规模化的种植，有计划地销售给我们。将来会做到一家农场供应一个品种的蔬菜，这样一个计划农业走下去，农民完全是工业化生产的状态。盒马鲜生现在帮农民制订种植标准，包括土

第八章
分析品牌价值网络

地、无公害、水资源的要求,农业合作所按照我们的要求进行种植。"

同时还说:"现在基地直接面向消费者,取消了批发市场、二道贩子和中间的损耗,盒马和这些农场之间的合作,不收任何的苛捐杂税,都是透明运作,你告诉我成本多少钱,我告诉你我准备卖多少价格,价格和农民充分协商。传统的供应链里面有多道贩子和代理,还有不应该由消费者承担的损耗、多级代理、出租柜台等费用,盒马把这些都去掉以后,把真实的价格还给消费者,农民可以增收,消费者可以买到更便宜的产品。"

在新推出的"日日鲜"肉食产品上,强大的产业链也在逐渐形成。"这个项目是和中粮合作的,双方的计划性很强。"侯毅表示,"这是一个倒推的、精确的链路设计,屠宰在江苏台东,我们要算出江苏台东屠宰的时间,物流的时间,什么时候杀,要保证早上到盒马销售。如果今后量足够大的话,养殖也要做计划,从育栏就开始,核心就是我们和合作方的数据完全共享。"

当然,盒马鲜生的打法并不适合所有企业,但是其中的内涵非常值得学习和借鉴。在新时代,产业链模式也应该有所创新,这可以帮助我们尽快掌握自己的价值网络。与此同时,还有利于减少产品的浪费,保证产品的质量。

二、第二维:纵向分析竞品、伙伴等相关利益者

如今这个时代,在许多营销者看来,品牌价值网络并不重要,只要自己投入一定的成本与精力,就可以获取丰厚的收益。但事实真的如此吗?并不是,因为随着科技的进步,以及消费需求的提高,品牌价值的及格线开始被不断拉高,所以营销者再也无法凭借之前那种大范围投放广告的方式,实现用户的大规模增长。

可以说,对于营销者而言,打造品牌价值的用心程度在很大程度上决定着自身的发展前途。因此,要想不被时代淘汰,持续获取用户的芳心,营销者就应该对包括竞品、伙伴在内的所有相关利益者进行深入分析。但在此之前,营销者需要解决以下几个疑惑。

(1)我的产品或服务到底解决用户哪方面的问题?
(2)我的产品或服务到底为什么吸引用户?

（3）我的产品或服务在什么场景下最适合使用？

（4）我的产品或服务是用户的第几选择？

（5）用户画像到底是什么样的？

（6）用什么样的态度更容易让用户接受？

（7）用户对已经存在的产品或服务有何种认知？

（8）用户如何进行选择？选择产品或服务的重点是什么？

通过上述疑惑可以知道，营销者必须始终站在用户的角度看问题，而不是围绕着自己的产品来进行宣传。解决疑惑之后，营销者就需要挖掘出自身行业的"漏洞"，找出竞品、伙伴等相关利益者尚未发觉的领域。

最近两年，视频行业站在了风口处，吸引了众多营销者的关注。有相关数据显示，腾讯、爱奇艺、优酷、土豆、A站、B站等大型视频平台的流量获得了大幅度增长。之所以会如此主要是因为，在相同的时间内，视频可以传达的信息要比文字多出太多，也就是说，视频可以在最短的时间内传达最多的信息。

《军武次位面》是光速时光旗下的一档节目，该节目包含了广泛的军事元素，例如，《使命召唤》《战争雷霆》《坦克世界》等深受军迷喜爱的游戏；"一战""二战"中的钢铁洪流；各国航母的性能对比等。

《军武次位面》画面中的人物、武器大多是通过《英雄连》游戏引擎搭建的，呈现效果非常逼真。这种新型的制作方式，既可以帮助《军武次位面》的团队提升工作效率，保证画面的质量，又受到了用户的认可和喜爱。

寓教于乐是《军武次位面》的一贯宗旨，它希望通过视频的方式引导更多人关注军事，当然，这也是为了满足年轻军迷的需求。除此之外，《军武次位面》的盈利目的依然存在，只不过当中带着一种美好的善意。

目前，与《军武次位面》同类型的节目基本不存在，毕竟它与传统的军事节目有很大的差异。由于其受众大多为年轻军迷（据统计，在《军武次位面》的受众中，18～30岁的占到了7成），因此如果内容过于严肃的话，就很难激发起他们的观看兴趣。于是，《军武次位面》特意在内容中融入了很多流行段子和热点，力求打造一种轻松幽默的风格。

可见，没有被对手发现的市场不代表不存在，如果我们先人一步，肯定

第八章
分析品牌价值网络

会取得不错的结果。实际上,现在的军迷群体已经相当庞大,但这需要有良好的内容去引导和调动。毋庸置疑,《军武次位面》完美地做到了。

分析竞品之后,你会了解自己的弱点和优势,并在此基础上不断放大优势,最终达到一种"人无我有,人有我精"的状态。以知名电器品牌格力为例,因为其掌握着核心科技,所以顺势打出了"格力核心科技,铸就放心品质"的口号。

这句口号传递的信息非常明确:作为一个电器品牌,对科技有着不懈的追求,精心打造出让大家放心的好产品。"核心科技"这4个字代表的分量几乎所有人都会明白,那么一个拥有核心科技的产品,会不会得到用户的信赖和认同呢?答案可想而知。

不过,这样的口号绝对不能随便打,前提是必须要像格力一样拥有足够的实力。在格力的官网上,有这样一段话:"共13项'国际领先'级技术,累计申请专利22597项,其中申请发明专利8310项。"这段话的分量足以撑起格力的口号。

网易严选在推广一款面巾纸的时候,就抓住了"一纸三层"这一优势,将自己与竞品区隔开来,迅速强占消费者的心智。另外,网易严选还通过"5张纸可吸干半杯(100ml)净水"来体现"强力吸水、用纸更节约"的优势,广告图如图8-1所示。

图8-1 网易严选——"5张纸可吸干半杯(100ml)净水"广告图

当然，像上面这样的案例还有很多，其共性就是在分析竞品的基础上放大自己的优势。但是，很多时候，除了竞品以外，我们还需要对伙伴进行分析，此举的主要目的是为跨界营销做铺垫，从而进一步提升品牌价值。

如今，跨界营销已经成了一个大趋势，在这种大趋势下，各行各业都不再像以前那样只知道闭门造车，而是希望可以通过与伙伴达成合作来抓住分流的消费者。那么，什么样的伙伴适合达成合作呢？最关键的就是要有契合点和互补点。

2017年，百草味和舒客携手，共同开启了一次主题为"牙齿动起来"的跨界营销，二者不仅把"动起来"517定制版小食盒和电动牙刷组合到一起，还实现了社交、线下渠道、线上电商的贯通及联动，宣传图如图8-2所示。

图8-2 百草味和舒克的跨界营销宣传图

此次跨界营销让百草味和舒客取得了巨大成功——在如此激烈的竞争中，探索出了一种新的跨界玩法。实际上，在很早之前，就出现了口腔和食品行业之间的异业跨界，例如，"三只松鼠"和佳洁士，不论是产品的包装还是传播推广都做得很好，也有很多值得借鉴的地方。而此次百草味和舒客的跨界，如果单看品牌基因的话，似乎更加典型。

从品牌形象的角度分析，舒克是新一代的口腔护理品牌，非常符合百草味时尚健康、年轻活力的品牌形象。不仅如此，舒客的代言人是吴亦凡，而

第八章
分析品牌价值网络

百草味的代言人是杨洋,由此也可以看出二者在目标受众上的高契合度。另外,牙膏和零食在品类上也拥有天然的契合点,这就做到了前面提到的"有契合点"这一关键。

而从销售渠道的角度分析,作为电商界的零食巨头,百草味的主要销售渠道是线上,也因此吸引了一大批新生代消费者,不过缺点是线下渠道比较薄弱。而舒克则长期致力于终端,线下渠道比较强大。二者达成跨界合作,实现了线上线下渠道的融合,不仅可以提升消费者的消费体验,还可以达到互补共赢的效果。

除此以外,在百草味和舒客的这次跨界营销中,还有一个更加出彩的亮点就是实现了线上渠道的互联,以及线下渠道的互推。在线上,二者既实现了互推,又在 CRM 联合短信的助力下打通了会员体系。不仅如此,为了让更多消费者加入"牙齿动起来"的行列当中,二者还通过一些精彩活动(如淘宝直播、粉丝趴等)将声量进一步扩大化。

而在线下,舒客不仅把百草味带进了 300 多家大型超市,例如,沃尔玛、家乐福、永辉、大润发等,而且还在一个电商节日的助力下,实现了线下的强势地推。更重要的是,舒客还通过"网红"直播的方式,吸引了大量年轻消费者的目光,并让此次跨界营销在销售和流量上不断发酵。

百草味和舒客的跨界营销不是只追求销量的增加,更重视消费者体验感和参与感。一方面,百草味顺利地走进了门槛非常高的 KA 渠道;另一方面,舒客也在百草味的帮助下,聚拢了大量的线上人流,让更多年轻消费者认识并了解了自己的产品。

在第二维中,最爆裂的打法无外乎两种:一是抓住自身优势不断放大,突出自己与竞品的差异;二是找到有契合点和互补点的伙伴,与其达成合作,实现跨界营销。可以说,如果我们将这两种玩法熟练运用的话,营销的效果定会达到一个新的高度。

三、第三维:从时间维度追溯品牌 DNA 与愿景

从时间维度上分析品牌价值可以分为两个方面:品牌 DNA 与品牌愿景。

（一）品牌 DNA

品牌 DNA 又指品牌基因，它有两个方面，分别是品牌核心价值与品牌个性。品牌基因可以让用户清晰地记住品牌的利益点与个性，是驱使用户认同、喜欢一个品牌的主要力量。在品牌越来越同质化的今天，做出具有独特品牌调性与差异化的产品，是每个营销人员需要去面对的挑战。一个成功的品牌基因可以在产品不同场景中，让用户一眼识别出自身的产品。一般而言，品牌基因的外在表现可以延伸为广告与品牌 Logo。

1. 广告

品牌是心智财富而非金钱买卖，用户对于品牌产品的购买都来自对品牌风格的认可。品牌风格体现着品牌的真性情与价值观，极难被模仿和控制，而品牌风格的外在体现之一便是品牌广告。

New Balance 自 20 世纪 90 年代进入中国市场受挫后，2003 年再次卷土重来却一直不温不火。直到 2012 年，New Balance 凭借一系列经典的广告，让无数用户记住 New Balance 这个品牌。

全球顶级营销大师杰克·特劳特这样说过："商业成功的关键，是在顾客心智中变得与众不同，这就是定位。"New Balance 深谙此道，通过不断精简产品线，进而将产品进一步细分，打造风格明显、个性突出的系列化产品，针对不同的消费人群推出精准定位的广告，直击心灵。

New Balance 的英美系球鞋一直坚持以最纯粹的方式制作一双鞋子，其美国 Maine 工厂和英国 Flimby 工厂，都期望用原产地的高品质手作，继续将 New Balance 一直不变的工匠情怀传承下去。为此，New Balance 推出的《致匠心》广告，以其独特的品牌价值观，赢得了广泛的关注，广告语的部分内容如下所示。

> 世界再嘈杂，匠人的内心，绝对必须是安静、安定的
> 面对大自然赠予的素材，我得先成就它，它才有可能成就我
> 我知道手艺人往往意味着固执、缓慢、少量、劳作
> 但是，这些背后所隐含的是专注、技艺、对完美的追求
> 所以我们宁愿这样，也必须这样，也一直这样

第八章
分析品牌价值网络

为什么？我们要保留我们最珍贵的、最引以为傲的

一辈子总是还得让一些善意执念推着往前，我们因此能愿意去听从内心的安排

专注做点东西，至少能对得起光阴岁月。其他的就留给时间去说吧

这则广告的主人公是大名鼎鼎的、华语乐坛教父级别的歌手李宗盛，随着长达12分钟视频的展开，在李宗盛平淡的叙述旁白下，画面显示出New Balance 慢跑鞋的制作过程。整个过程中没有任何的激动言语，也没有任何机器化的工艺生产，只有 New Balance 的资深工匠为了苛求品质，极具匠心的进行精细化的手工活。

当李宗盛讲完最后一句话，"专注做点东西，至少能对得起光阴岁月。其他的就留给时间去说吧"，New Balance 的资深工匠正在对已经完成的跑鞋进行检查，期望能够找出不足之处继续改进。

这则短视频广告借助李宗盛的淡然气质，通过自述的方式对自己的一生进行总结，借助画面的切换，从而映射出 New Balance 跑鞋具有相同的品质，增加了用户对 New Balance 的认同感。

如果说 New Balance 的英美系球鞋是主打精英阶层，以匠心赢得用户青睐，那么 New Balance 的 574 球鞋则以入门作为标准，主打年轻人市场，以在校大学生或刚刚毕业的学生为主。面对这群人，New Balance 以"青春"为主题，推出《这是我们的原色》系列广告，如图 8-3 所示。

该广告创造出一个个关于青春时代爱情、友情的温馨故事，这些内容无疑很符合年轻人的胃口。于是，通过这些故事，New Balance 赋予了 574 这款鞋一种情感价值，让消费者觉得：New Balance 仿佛就是他们曾经经历过的青春，而这双鞋子就是一起陪伴他们在青春岁月里行走的伙伴。

图 8-3 《这是我们的原色》系列广告图

《这是我们的原色》广告是于 2015 年推出的，到了 2016 年 New Balance 以"未完成"为主题，为新款跑鞋 997.5 推出原创视频广告《未完成的自我》，短视频的部分内容如下所示。

这是 New Balance997.5
This is New Balance997.5
这个数字难以定义
a number that goes well beyond definitions
0.5，像极了我们性格中
0.5- what an uncanny resemblance to our personality deep down
永远在变与不变的那一半
where half of ourselves remains perpetually changing, while the other half, unchanged
它和我们一样
This and us are so much alike
从不需要任何人
We need no one to tell us
告诉我们过去，现在和未来
what is our past, presence and future
我们应该是什么
and who we shall be

这部短视频代表着 New Balance 的创新精神与"未完成"的变化。997.5 实际上是 New Balance 的 997 与 998 系列的结合体，正如视频内容所说"有人说，它隐藏着 997 的经典；有人说，它孕育着 998 的潮流"。

除了以上 3 则广告之外，New Balance 也为不同产品打造不同的广告，如图 8-4 所示。从中不难看出，New Balance 近几年在中国市场的推广重点不断发生改变。其推广方向以当季流行趋势，顺应时代为主，不断强化产品的鲜明特点，从而在顾客心中建立独有的品牌定位，让品牌的风格在用户心中的印记愈加深刻。

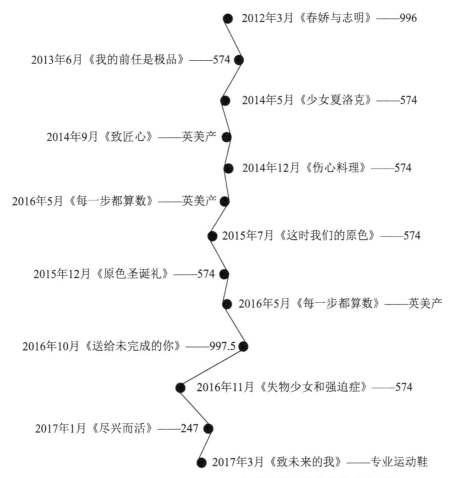

图 8-4　New Balance 2012—2017 年在中国市场推出的广告明细

其实，鞋履品牌的鞋款不外乎商务、生活、时尚和运动 4 种风格，有的品牌专注于某种风格，而更多的则希望能够囊括这 4 种风格。因为他们总希望能够吸引所有的用户，甚至是所有年龄段的用户。然而当品牌将太多的风格展现给用户去选择的时候，他们是拒绝的。而对于品牌来说，过多的产品系列推广会分散精力与资源，导致每个系列即使有独特风格，也会变得平淡无奇。

而在 New Balance 的视频中，用户可以充分感受到每个系列跑鞋鲜明的特点，以及与之相对应的主题特质，让每一个目标用户产生心理共鸣。此时的跑鞋更多的代表一种情感，一种与用户相似或者向往的生活方式。

2. 品牌 Logo

如今的大多数企业品牌都有独特的品牌 Logo，例如，企鹅代表着 QQ，三叉星 Logo 代表着奔驰，"被咬掉一口的苹果"代表着苹果公司等。这些品牌 Logo 实际上代表着企业的一种无形资产，这种看不见的资产能够持续不断地加深用户对品牌的记忆，并最终赢得用户的关注。

苹果手机自从诞生以来，凭借着大胆超前的创意赢得了众多粉丝的喜爱，而那个被咬了一口的苹果标志也成为众多果粉中的经典形象。细数苹果历代的 Logo 造型，除了 1976 年的第一代 Logo 较为复杂以外，其余的外在造型均未发生较大改变，皆是选用"被咬掉一口的苹果"作为 Logo 形象主体，只是外部颜色有所变化而已。

下面让我们一起来回顾下苹果从创立到今天的 Logo 形象。1976 年的第一代苹果 Logo 形象，如图 8-5 所示。

图 8-5　1976 年的第一代苹果 Logo 形象

苹果的第一个 Logo 形象由 Ron Wayne（苹果的 3 位创始人之一）用钢笔在纸上描绘而出，其灵感来源于牛顿在沉思中，被苹果砸中，进而发现万有引力的故事。苹果公司借助这个 Logo 旨在表明苹果也想效仿牛顿致力创新，做出改变世界的举动。但无奈苹果公司的第一代 Logo 图像实在过于复杂，虽然颜色只有黑白两种，可很难被人记住，因此，到了第二年就被苹果抛弃。

第八章
分析品牌价值网络

于是，苹果在 1977 年迎来了第二个 Logo 形象，如图 8-6 所示。

图 8-6　1977 年的第二代苹果 Logo 形象

采用第二代 Logo 的原因来自苹果公司的另一位创始人——史蒂夫·乔布斯。史蒂夫·乔布斯需要发布一款新产品——Apple II，但原来的标识显然过于复杂，先前的第一代 Logo 形象很难继续嫁接在新产品上。而 Apple II 又采用了全新的塑胶外壳材质，屏幕也变成了彩色。因而这个时候就急需一个形象简单，具有特色的品牌标志，从而提高 Apple II 的辨识度。

于是，史蒂夫·乔布斯找到了 Regis McKenna 广告设计公司，希望他们能够解决这个难题，为苹果公司设计出全新的 Logo 形象。最终，那个被咬掉了一口的苹果形象诞生了，随之而来还有充满了魔力的彩色条纹，让人觉得充满了亲和力。

然而，最开始的时候，这个 Logo 并不被苹果公司自身认可，在一些说明书上、背包上仍然印着完整的彩色苹果。Logo 上面的彩色代表 Apple II 能够彩色显示，同时这一颜色也被比喻成苹果低迷期员工们的血液。第二代的 Logo 形象一直沿用至 1998 年，直到在 iMac 发布会上才做出改变，苹果 Logo 形象进入第三代，颜色变更为双色系列。

这一次 Logo 形象变化的原因是由于新产品采用透明材质外壳，为了配合新产品的手握质感而做出相应的变化，采用全新的半透明塑胶。于是，Logo 的颜色也变为简单的单色调，意在体现一种简约美。苹果的单色标志至今仍在使用，它是最能体现苹果品牌定位的标志。

到了 2001 年，苹果推出第四代 Logo 形象。苹果 Logo 形象变为透明色，其主要目的是配合首次推出市场的 Mac OS X 系统。这次苹果的品牌核心价值由电脑转变为电脑操作系统,因此苹果 Logo 形象也跟随了电脑操作系统的界面风格,采用透明色的质感。

到了 2007 年,苹果推出 iPhone 手机时,再一次更换了 Logo 形象,这次的 Logo 形象属于苹果的第五代。

第五代产生的原因是由于 iPhone 创造性地引入了 Multi-touch 触摸屏幕技术,带来了全新的用户体验。为此,苹果 Logo 形象需要采用玻璃质感,于是主题颜色改为银白色,以一种淡然高雅的姿态迎接世人,代表着苹果公司为用户提供最简洁、最便利的服务。至此苹果手机告别了半屏幕时代,智能手机时代来临。而这一年,苹果将苹果电脑公司改为苹果公司,苹果标志采用玻璃质感的标志。

苹果 Logo 形象的每一次变化都代表着核心产品的变革,苹果的简约颜色主义随着品牌的核心价值愈发体现。因此下一代的苹果新 Logo 形象也许就代表着品牌的核心价值又一次变革。

品牌基因是一个不断变化的产物,企业需要不断维护用 10 年、20 年,乃至上百年的时间去不断强化这个品牌基因。这当中广告与品牌 Logo 形象能加强品牌的价值宣传,使其更容易被消费者记住,成为一种能够打动消费者的力量。

(二)愿景观

品牌的愿景观可以创造出一种美好目标,并且让用户沉浸在这种美好目标中,从而对品牌产生极强的信任感。

一个互联网公司的愿景,自然只能与互联网相关,并且它的愿景只能是为了服务于该企业的目标受众。然而,如今的很多企业品牌都缺乏一个清晰的品牌愿景。大多数的品牌营销人员很少投入时间去思考自己的品牌该往何处去?甚至有相当多的营销人员根本就不知道本企业的品牌愿景是什么。而有研究显示,凡是知名的品牌都有一个清晰明确的品牌愿景。

愿景的表达可以是一句话或一个简短的词语,但它不仅仅是一句简单的广告标语。一个品牌可以有不同的广告语,但品牌愿景却只能有一个。它可以展现品牌的核心价值或核心使命,触及未来至少 10 年的大胆目标,并将

第八章
分析品牌价值网络

其转化为一句生动的描述。

阿里巴巴的愿景是"我们的使命是让天下没有难做的生意",这一句话让无数中小企业体会到阿里巴巴愿意承担的重任。这一愿景配合另一项愿景"我们的目标是成为全球第五大经济体",更进一步加深了阿里巴巴的使命感和责任感,让用户们被其中蕴含的伟大的目标所感化,并最终认可该公司。

腾讯公司传递的愿景是"最受尊敬的互联网企业",小米的愿景是"让每一个人都能享受到科技带给他们的乐趣",史蒂夫·乔布斯执掌苹果时所传递的愿景是"这是一家位于科技与人性的交融之地,可以将复杂技术转变为精致体验的公司"。

一个出色的品牌愿景就如同父母给孩子取名字一样,代表品牌的身份。随着企业的一天天壮大,广告策略与广告语也发生变化,但品牌愿景就如同名字一样,依旧烙印在产品身上。而这其中的关键是要解决"我要成为谁"的问题。

例如,曾经有记者问张瑞敏:"您的最终理想目标是什么?"张瑞敏回答说:"成为一个真正的世界品牌,不管走到全世界任何地方,大家都知道海尔是一个非常好的、我喜欢的品牌。"基于这种品牌愿景,海尔始终坚持以用户体验为核心目标,不断创新。经历多个发展阶段的变化,目前海尔已成为全球家电的顶尖品牌。

品牌愿景表达了品牌的未来蓝图,明确告知所有员工、用户及其他对品牌有关注的人群,品牌现在代表什么,以及将来代表什么。品牌愿景是品牌定位和个性形成的基础,这些愿景的背后其实很大程度上都代表着该公司背负的长远使命。

但这些愿景的"诞生"却并不是一帆风顺的,它需要创作者对企业的长远目标有着深刻的理解,并考虑企业该如何表达这样的目标,最终在不断的删减中,设计出一句简单明了,且让用户印象深刻的话语。

第九章
计划全局爆裂营销行动

如今的市场，充满不确定性，竞争也很激烈，面对用户不断提出的要求，传统的营销方法早已不再适用。在这样复杂的环境中，我们如何行动才能取得成功。如果不能从全局出发，就永远不可能真正实现爆裂营销。

一、用户心智认知爆裂设计

当用户初次接触产品时心里会对产品进行简单的归类，它是给谁用？它到底有什么用？有时还会产生某种感觉，如优雅、实惠、耐用、独特等。以上这些内容构成用户对产品的初步认知，也是营销人员在构建全局爆裂营销时所要传递的信息。不同的产品的宣传侧重点也会不同，通常而言可以分为两类，如图9-1所示。

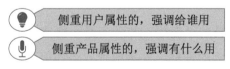

图9-1　不同产品宣传侧重点的分类

（一）侧重用户属性的，强调给谁用

在如今的时代，用户们追求的个性化需求越来越多，人们需要的是能够满足自身需求的产品。所以，产品的定位需要强

第九章
计划全局爆裂营销行动

调给谁用,强调用户的类型。

在酒类产品的市场上,大部分产品对于自身品牌文化的塑造都以"高档"为主,每一家酒企在宣传产品的时候,都会格外强调自己的产品采用传承几百年的古法工艺,对于每一份的原料精挑细选,历经几百道工序的层层筛选,最终酿制而成。而这些酒在以往都是达官贵人专享,几乎每一瓶酒的来历都极其不凡,于是几乎每一瓶酒都在费尽心思宣传一个不太理智的内容:它们不是普通大众喝的。

这些高档白酒对于普通客户来说太过遥远,缺少一种亲和力。例如,江小白正是瞅准了这一空白,另辟蹊径,进行一系列的营销,玩出了新花样。如图 9-2 所示,江小白凭借对消费者的深度挖掘,用直入人心的表达,重新将酒定义为"年轻人的情绪饮料",以各种在生活中浮沉的年轻一代之间的情景话语,将酒包装成"能解忧"的特定消费品,提高了受众的接受率,让江小白的品牌文化深入客户内心。

图 9-2 江小白宣传广告图

又如,清扬洗发水的营销案例,它是第一个提出男女洗发水的概念。在洗浴市场被宝洁系占据主导地位时,借助用户群的细分定位,成功打入市场。类似的还有 vivo 手机,定位于喜爱自拍的年轻女性群体;而华为手机的用户群体定位为商务男性;奢侈品主打高端消费群体,是身份地位的象征,因此很多奢侈品广告并不强调产品功能,反而更多的宣传自身的品牌价值与特点。

（二）侧重产品属性的，强调有什么用

很多产品，强调自身的使用情景，以功能定位为主。例如，海飞丝，主打去屑功能；58同城，主打租房功能；滴滴打车的营销广告，侧重宣传的也是产品的使用情景，如图9-3所示。

图9-3　滴滴打车的广告图

侧重用户属性与侧重产品属性的营销方式都介绍完毕，至于具体如何选择，往往是看该产品是否具有社交属性，是否能够在其他人眼前展示。比如，手机和服装，由于这些产品在生活中常常会被其他人见到，并且被谈论，手机和服装的审美也就能从侧面体现使用者的身份，所以，这类产品的营销宣传定位以用户属性为主，告诉使用者们：只有你这样的人才配用我。

而洗护用品，打车软件之类的产品，大多数时候如果使用者不主动提及，很少有人会知道他所用的产品，所以，人们对于这类产品会更注重实际的功能和效果。

当然，以上属于常规的营销侧重点，但很多时候为了给用户留下深刻的印象，也需要推陈出新，不走寻常路。毕竟随着生活条件越来越好，要求满足自身个性化需求的人总是越来越多。当大家都在侧重产品功能时，我却侧

第九章
计划全局爆裂营销行动

重于宣传用户属性,那么我不就显得与众不同吗?最典型的案例就是清扬洗发水,也是接下来要讲到的用户心智认知设计。

第一印象很重要,而认知作为用户熟悉产品的第一步,更是如此。如何宣传自己的产品,直接关系到用户能否记住你的产品。营销人员如何认知自己的产品并不重要,重要的是用户对产品有哪些认知,这其中又有哪些共同的认知规律,顺应这些共同的认知规律是这种设计的核心思路。

1. 有差异,用户才能记住

行业竞争越发激烈,同类竞品层出不穷,而用户在选择决策时只会从有印象的两三个品牌中去选,更多的是,用户不会去记,也不想去记。市场上的信息越多,越会混淆用户的记忆,到最后用户记住的品牌信息就越少,最后留在脑海中的只有某一个品牌,即一个品牌代表一个品类的局面。

想要打破如今的僵局,唯有找到机会开辟新的道路,也就是所谓的差异化定位。特劳特的《定位》中说要寻找新的空位,许多讲述营销方法的文章里也提到需要发现新的角度。可如何去发现?他们却没有给出答案。

在本小节一开始,我们提到了不同产品的宣传侧重点不同,其实这就是答案,差异化定位也是这个原理。用户属性与产品属性其实早都存在,不论营销人员划分或是没划分,它都在那里,关键是营销人员有没有留意。当营销人员开始留意到它们的存在时,通过刻意的划分重组就可以产生新的定位。

(1)用户属性划分

依据用户属性去划分,寻找还未被挖掘的空位,如性别、职业、年龄、地理位置等。通过对这些用户属性的互相组合,找到新的空位。

例如,探探,基于用户地理信息缔造年轻人的社交,目前用户多为大学生群体,这种"地理信息+年龄+陌生人"的组合值得不少营销人员学习。又如,脉脉,同样涉足社交领域,属性组合却是"行业+职位+实名"。前文列举的江小白与清扬洗发水也是通过找到用户年龄层及性别的属性组合,才成功拓展了市场。

(2)产品属性划分

依据产品属性去划分,寻找还未被挖掘的空位。如产品功能、使用情景、产品成分、大小、价格等属性。

美国的喜立兹啤酒品牌创立之初的销量一直不尽如人意，为了扭转这个局面，喜立兹啤酒聘请广告大师霍普金斯，希望借助他的精妙点子打开市场，实现销量的增长。

喜立兹啤酒经理带着霍普金斯大师前往其工厂查看他们的设备和工艺，这个过程中经理介绍了诸多的工艺特点和先进技术，但大师却一点兴趣也没有，只是随意应和几句，敷衍了事。经理有些失望，心想看来大师也无能为力了。可就在众人走出工厂的时候，霍普金斯大师盯着某个地方惊喜不已，经理顺着大师的目光望去，看到一副这样的景象：装啤酒的空瓶子进入了一个用高温蒸汽消毒的车间。

经理还以为大师发现了什么妙计，但弄清大师惊喜的原因后，经理又失望了。因为大师眼前的工艺是世界上任何一个啤酒厂都有的基本工艺。经理将这个消息告诉大师后，大师依旧保持笑容，并回答道："它是不是所有啤酒厂都有的工艺并不重要，重要的是你的用户并不清楚。"

最后，喜立兹啤酒听从了霍普金斯大师的建议，决定以"每个啤酒瓶都经过高温蒸汽消毒"作为喜立兹啤酒的特性。此后，喜立兹啤酒销量大涨，一举夺得了市场第一的份额。

美国的通用汽车也是通过划分轿车的长度与大小，从而开拓出小型车、中型车、大型车的市场。

依据产品属性寻找空位的方法是大多数营销人员惯用的方法，因此很多产品属性的空位已经被占满。但一旦有新技术诞生，就会立即产生大量的属性定位，如智能手机的兴起，带来移动应用软件的兴起。所以，对于营销人员而言，不仅要钻研产品属性的空位，还需要关注时代的前沿，寻找新的产品属性空位。

（3）用户属性 + 产品属性

依据"用户属性 + 产品属性"的组合，形成新的属性与定位，这是差异化最明显的定位方式。学过集合的人应该都清楚，用户属性与产品属性之间的组合是并集，整体的容量得到提升，营销人员可以寻找的空位也就大大增加。

第九章
计划全局爆裂营销行动

腾讯的 QQ 与微信同样是做社交，可为何腾讯在 QQ 依旧火爆的情况下，还坚持去做微信？

这是因为当时正值智能手机行业的飞速发展，产品属性有了新的变化，用户的注意力不再只是集中在 PC 端，而是慢慢转向移动端。假如腾讯只是简单地将 PC 端的 QQ 搬到移动端，那有可能今天的微信就会被其他的社交产品所取代。比如曾经火爆一时的米聊，是微信当时有利的竞争者。

微信的定位是"熟人＋移动端＋社交"。而当时的微博、陌陌等都以陌生人社交为主，用户属性里的"熟人"市场依旧处于空缺状态，配合当时最新的产品属性"移动端"，于是便诞生了如今几乎人人都在用的微信。

清扬洗发水的产品功能与用户性别的组合也算是打了宝洁一个措手不及，然而清扬赢了营销战，在产品功能上却仍然略逊宝洁一筹。毕竟，洗浴产品并没有社交属性，对于它的目标用户来说，去屑去油的功能比身份认同还是要重要不少。

2. 借助已有认知，强化用户的印象

借助用户脑海中已有的事物，强化用户对产品的认知，也就是捆绑记忆。假如某家企业想要开发一款提供英语词汇查询的 APP，APP 的名字该如何取呢？其实非常简单，可以利用用户对有道词典的熟悉程度和认可程度，把名字取为有海词典，或者有英词典。一方面，既保证了用户对于 APP 的功能认知度；另一方面，当用户搜索有道词典时，由于一字之差很可能就会搜索到这款 APP，进而减少推广费用。

在台湾，有一句广为流传的钢琴培训广告：学钢琴的孩子很少变坏。乍一看没有什么了不起的地方，但正是这样一句简单朴素的话，却在台湾引起了钢琴培训热潮。因为在一般人眼里学习钢琴往往代表着一种高雅的爱好，而拥有这种高雅爱好的人自然不会变的太坏。正是利用了家长的这种心理，借助钢琴本身的固有形象，强化了学钢琴有利于孩子品性培养的印象。

相同原理的案例还有七喜的非可乐，当可乐成为主流饮品时，七喜反其道而行之，强调自身的饮品与可乐不同。如此一来，当人们记起可乐饮品的时候，便会联想起这种非可乐的饮品。

3. 顺从用户的思考顺序

在传播学里有个经典的公式：人的记忆度 = 人对内容的熟悉程度 ÷ 内容的记忆难度。用户在生活中记起产品是有一定的顺序的，只有当他处于特定情景下，他才会产生相应的需求，从而想到相应的产品，最后才是想起产品的品牌。

例如，A 先生错过班车，为了不迟到，A 先生准备打车前往公司。于是，A 先生通过手机的滴滴打车软件成功打到出租车。

情景→需求→功能→品牌，这是用户的思考顺序，为了方便用户进行品牌联想，营销人员可将情景、需求或功能与品牌名绑定。例如，怕上火，就喝王老吉；今年过节不收礼，收礼还收脑白金；士力架，横扫饥饿等。

用户的思考路径越短，就越快想到你的产品，最好在情景这一关就让用户联想起你的产品，否则等到用户具体细化到功能时，脑海中可能已经产生很多的选择了。

4. 便于记忆

朗朗上口的广告语同样能增强用户的认知，能一句话说清产品的功能，就别用两句。大多数出色的广告语都是如此，它们都能减少用户的记忆成本。

例如，恒美公司曾经为大众汽车修改过一则广告，如图 9-4 所示。

> 我们的 BlueMotion 系列汽车集轻型的材质、增强的空气动力、节能的引擎以及耐磨的轮胎于一身，节油减税，为你省钱。

图 9-4　恒美公司修改后的广告

恒美公司将大众汽车中间的大部分宣传话语都直接删掉了，只留下了这样一句话"BlueMotion 为你省钱"，而这一句话带来的效果也是惊人的，该大众车型汽车当年销量暴涨。

这其中的玄机在于，汽车用户最关心的并不是汽车卓越的性能与工艺，而是这个汽车能够为自己带来什么好处。对于广告中的内容，他们也只对这一部分感兴趣,哪个汽车带给自己的好处更多,用户就会选择哪辆汽车。明白了用户的心理以后,恒美公司的修改方案也就呼之欲出,将没有好处与便利的内容删除,只留下一句简单渗透入人心的话。

5. 通过口碑宣传

有哪些因素构成了用户对产品的认知呢?大多数的答案是分为3种:体验感觉、口碑影响和官方宣传。而这3种因素的大小关系排列是:体验感觉＞口碑影响＞官方宣传。

产品的质量与用户需求决定了用户体验的感觉,在认知阶段,这个因素的影响最大。苹果手机便是通过追求用户的极致体验,成功跻身全球顶级的公司。

但对于大多数企业来说,过度追求用户的体验,会造成生产成本的不断攀升,最终影响盈利。所以,这时就需要退而求其次,通过口碑强化用户的认知,明星、"大V"、朋友等人的意见,都会对用户的认知产生影响。

营销人员在构建用户的认知时,可以邀请某一领域的明星或"大V"代言宣传产品,或者邀请专家对产品进行专业分析,最终引发第三方媒体争相报道,形成口碑传播。这里需要注意的是,尽量少用官方宣传,因为在这三者中,用户对官方的宣传信任度最低。当然,官方宣传也有它的作用,一方面,它可以传递品牌的理念;另一方面,它又可以间接体现企业的实力。

6. 通过五感信息树强化认知

五感信息树设计是将视觉、听觉、触觉、嗅觉和味觉融入广告、产品设计中,强化用户对产品的认知。据相关研究显示,人类所接受的外界信息约有65%源自视觉,25%源自听觉,10%源自触觉,其余的部分信息来自味觉、嗅觉等感觉,这些构成人类的信息窗口。

古希腊时代,柏拉图就曾对人的各种感觉、知觉能力进行分析,并分别讨论了五觉。依据感官与灵魂肉体关系的亲疏,对感官进行分级,他认为视觉离灵魂最近而离肉体最远,所以最为尊贵。达·芬奇也将眼睛作为人体最高贵的感官,并以此作为绘画高于其他艺术的理由。达·芬奇说道:"外界事物的形象传给五官,五官将此形象传给知觉器官,再由知觉器官传给感官通汇。"

1）视觉设计

众所周知，人们是通过视觉、听觉、味觉、嗅觉、触觉等感觉参与认知活动的，而视觉是人类最主要的感觉形式。据研究显示，至少有80%以上的外界信息是通过视觉获得。产品的视觉设计主要是在产品自身宣传上，通过广告、产品图像的设计，让人感到真实可信，具有很强的视觉吸引力与说服力。

而在视觉设计中，色彩是最主要的手法之一，色彩的运用需要讲究搭配。例如，红色需要搭配白色、黑色、蓝灰色、灰色；咖啡色需要搭配鹅黄色、砖红色、蓝绿色；黄色需要搭配紫色、蓝色、黑色；绿色需要搭配白色、米色、暗紫色、灰棕色；蓝色需要搭配白色、蓝红色、橄榄绿、橙色。

这些色彩的搭配只是最基本的搭配方式，为了能够更近一步运用色彩就需要了解色彩的基本原理。在色彩学中，红黄蓝是所有色彩的"本源"，其他的所有颜色都是由这3种颜色变化而来。例如，红+黄=橙，红+蓝=紫，紫+橙=黑褐色等。这些变化而来的色彩可以分为相似色、邻近色、对比色3类。

（1）相似色

由一种色调与其他相似的颜色组成，例如，青草色、青色、藏青色等就属于相似色。用相似色组合的时候能够表现出一种典雅、简约的风格，但这种颜色也会带来画面比较平淡，区分度不够的问题，让人难以区分各个对象的差别。

邻近色是指由相同的基础色构成，色调比较统一的颜色，例如，黄色与绿色，红色与紫色等。将邻近色组合在一起会有一种舒适、平稳的感觉，比较适用于高端、大气的品牌。

（2）对比色

与邻近色相反，差别比较大，可以产生强烈冲击的颜色。比较有代表性的是，黄色与紫色、橙色与蓝色、绿色与红色等。对比色常常在对比数据的时候使用。

此外，色彩也可以分为冷暖色。冷色调代表色有绿色、蓝色等，给人一

第九章
计划全局爆裂营销行动

种稳重、安静的感觉；暖色调的代表色有红色、黄色等，给人一种热情、奔放、开朗的感觉。

某品牌设计过一则宣传海报，这则宣传海报就通过冷暖色调强化了用户认知。具体来说，在排版方面，宣传海报主要使用了白色与粉色，这两种颜色一个属于冷色调，另一个属于暖色调，很难给用户一种十分舒服的感觉。于是，品牌决定在背景中掺杂进一些暗紫色，这样不仅可以起到一个缓和作用，使得冷暖色协调一致，还可以突出所要宣传的重点内容。

从心理学的角度来说，鲜艳明亮的颜色能够使得用户身心更加愉悦，使得整个宣传海报充满活力。此外，营销人员在策划冷暖色搭配的广告或产品时，所选颜色最好具有鲜明的反差，突出重点。

2）听觉设计

人有5种感觉方式，但表述的媒介体只有视觉、听觉和由文字唤起的5种感觉的集合——"文字感觉"3种。西方文化一贯将视觉作为优先性的感官，黑格尔在《美学》论述中也有相关的描述："艺术的感性事物只涉及视听两个认识性的感觉，至于嗅觉、味觉和触觉则完全与艺术欣赏无关。"

当代德国哲学家韦尔施则进一步将视觉与听觉的差异区分开来。首先，视觉是可持续的，常常与认知及科学相关；听觉则是易逝的，常与信仰和宗教联系在一起；其次，视觉是间离的感官，距离较广；而听觉是融合的感官，要有适当的距离；最后，"看"被认为是一种个体性的行为；而"听"总是把听者与说者联系在一起。

作曲家德彪西被誉为印象主义音乐的开创者。他的音乐中常常表现出若隐若现、虚无缥缈的情感，让人难以忘怀，而他的大部分作曲灵感来源于飘忽不定的自然风光。随着科技的发展，将视觉融入听觉设计中已经成为一种新型的认知设计，它将听觉创新成连接理性与非理性的桥梁，横跨更新颖的认知边界。

3）触觉设计

触觉是指在外界刺激下使皮肤下层感受器兴奋而形成的感觉。人通过触觉感官感受外部刺激，唤醒记忆中的意识，并与人脑中原有的记忆进行联系，从而形成对物体信息的认知。触觉虽然不是用户认知事物的主要感官，但是与用户的认知有着密不可分的联系。

奥地利艺术史学家李格尔将"触觉"概念引入艺术史研究当中，建立一种全新的认知体系。李格尔对艺术的独特理解使得艺术史的研究突破了感官分类的界限，为艺术的一般特性找到了共同之处。

而触觉设计则是指通过将不同材料进行对比，引导受众触摸材料，感受材料。在艺术上创造了一种设计美感，具有强烈的直观性。苹果 iPhone X 的设计中将显示屏的四角全都进行了圆弧处理，让用户触摸时感受更加舒服。

4）味觉设计

味觉的产生是由味觉器官对外界的反应而产生的感触。味觉在五感器官中常常是被忽略的一种感官。但是，味觉的作用绝不可小觑。当人们尝到蛋糕的味道，喝下饮料的口感时，都会产生相应的味觉体验。而味觉体验能引起人的情感变化，如因美味而产生的高兴、因难吃而产生的厌恶等。

卡罗琳·考斯梅尔在《味觉》一书中，从心理学、哲学等多种角度对味觉与气味、食物与文化的关系进行分析。味觉是奇妙的、复杂的、可培养的，人类对味觉的偏好具有较大的一致性，如对甜的喜爱与对苦的讨厌，这种共性的认知就是味觉的设计原则。

5）嗅觉设计

嗅觉是由鼻三叉神经系统与嗅神经系统对外界反应而产生的一种感觉，人类的嗅觉大约可以感知近千种气味的刺激。这些气味中最常见的 6 种包括花香、果香、香料味、松脂味、焦臭、恶臭，每种气味都各有所用。心理学家约柏林认为："香味有助于人们安睡。"他建议人们用燃香来减少睡眠不安的焦虑情绪。人们对于臭味会产生天然的厌恶，心底会生出恶心与反胃的感觉，从而提醒自己警惕外界。

在用户认知产品的过程中，视觉、听觉和触觉三者间的通感起着主导作用，而味觉与嗅觉间的辅助作用也不能忽视。当感官感受转化为想象经验，用户的认知往往有着更为直观的感受。

如今，很多营销人员在设计营销计划时，都觉得自己是有方向的。但现实是，很多营销人员心理并没有明确方向，只是看见别人做，自己也跟着做。真正对用户认知阶段的规律了如指掌的营销人员毕竟只占少数。因此，在这里着重对用户的认知进行一次系统全面的介绍,相信各位营销人员一定能从中有所收获。

二、早期用户转化爆裂设计

很多时候,营销人员的营销战略做得挺好,很早就设计了一套完整的用户增长方案,可到第一步就出现问题,用户根本不买账,拉新的工作受到极大的阻碍,于是预期的用户增长也没有达到。或者另一种情况,产品仍然在运营,有了一定的忠实用户,但一直没有用户的增长突破。这些时候,就需要转换营销思路,从认知、连接、杠杆、转化 4 个方面入手。可以先看几个早期用户转化的典型案例。

(一)抖音:明星热搜效应

岳云鹏曾经发布过一条微博,微博内容里有着抖音 APP 的 Logo,于是第二天抖音的微博热度迅速上涨,并在此后呈上升趋势。

胡彦斌在抖音用新歌《没有选择》做背景音乐,发起音乐视频挑战活动。此外抖音曾和大张伟合作,创作了《不服来抖》的主题曲。与此同时,抖音内还发起了"大张伟不服来抖"的挑战话题专区,抖音达人们接力挑战,从发布到引流,短短 3 天时间内,就获得了上亿的曝光量。这种利用明星的热度,强化用户认知,让抖音与明星粉丝产生连接,从而撬动这些粉丝转化成抖音用户,是抖音早期的用户增长的重要方式。

(二)拼多多:微信朋友圈分享功能

在拼多多,拼团的发起人与被分享人之间是平等的,发起人不会从中获得额外的利益。这种人人平等的模式更容易把用户的关系链激发起来,实现人与人之间的互动传播。这种分享式的营销方式帮助拼多多成功获得了流量之源。

用户只需要分享好友、朋友圈,邀请好友一起拼团,收到消息的好友直接点开,就能够一起参与拼团。正是得益于这种社交化的传播,仅仅不到一年时间,拼多多月订单量超 200 万单。每一个用户、每一个好友、每一个朋友圈都可能是拼多多的流量入口地，而且每一个信息的发起人，接收人都是平等的、互相的，它从某种角度上与张小龙"朋友推荐优于系统推荐"的观念相似。拼多多的拼团流程，如图9-5所示。

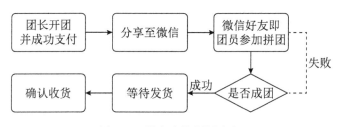

图9-5　拼多多的拼团流程

社交化电商代表的拼多多通过分析用户的消费习惯、个性特征，完成用户的初步认知，并通过用户、品牌、生产商三者之间简单模式，吸引更多的用户分享，达到大范围用户转化的目的。

（三）摩拜：借助小程序连接微信

摩拜作为第一个接入小程序的企业，其创始人胡玮炜这样表示："因为摩拜单车是智能共享单车。"

2017年2月23日，微信联合摩拜共同发表声明，用户使用微信的"扫一扫"扫描摩拜车上的二维码，就可开锁骑行。此前在"扫码解锁"这项能力推出之前，要使用一辆路边的摩拜单车，用户不仅要专门下载摩拜APP，还要注册。这一道门槛将不少的用户拒之门外，许多想要体验摩拜，却因为此前的诸多限制，使得他们觉得麻烦或者不想耗费流量下载，又或者网络不好，又或者太耗功夫，直接放弃了体验摩拜的机会。

不过，自从摩拜连接小程序，其发布小程序的第一天就得到了百万的访问用户。月活跃的用户数量增长迅速，并且每天新增的注册用户有50%以上来源于小程序。几个月后，摩拜推出新用户免押金活动，进一步扩大了摩拜的影响，充分挖掘了微信9亿多的潜在用户。

公司产品总监杨毓杰表示，"这意味着微信超过8亿的月活跃用户都有机会体验和使用摩拜单车的服务，将有助于摩拜吸引更多新用户快速体验并转化成为摩拜注册用户,也进一步体现了'智能锁'所带来的优势和放大效益。"

摩拜与微信的联合,实现平台扫码的完美对接,不需要更换原先分散在众多城市之中的摩拜原有二维码,进一步优化了线下体验,使得用户在体验摩拜单车的时候能够更加方便和快捷。同时,摩拜接入小程序,凭借微信这根"杠杆",撬动了日活跃达6亿人次的流量圈,实现用户爆发式的转化。

这些平台在早期用户增长阶段都采用了优秀的营销方案,其实质都是采取先发制人的战略,以最短的时间使用户从产品认知到连接,再到杠杆,最后完成转化的过程。成功让产品迅速扩散,积累第一批种子用户,实现早期用户量的突破。认知的工具在前一节已经有过介绍,这里就不做过多讲解,接下来将重点介绍实现连接、杠杆、转化的三种工具。

1. 连接工具:SEO 优化

SEO 优化简称搜索引擎优化,它是指通过站内外的优化,使网站匹配搜索引擎,进入收录和排名,并使排名靠前,以获取精准流量和免费流量,最后实现产品和品牌的推广。所以,SEO 优化在用户与产品的连接过程中起着至关重要的作用。

胡歌曾在电视剧《猎场》中表示:"SEO 就是优化网络工程师,能让公司在搜索引擎上排名优先,甚至是进入首屏。"也就是说,SEO 优化能帮助企业在互联网搜索中被更多的用户搜索到,这意味着企业的产品与用户建立了连接,其传播的范围进一步得到扩大。

SEO 优化的系统与工具有很多种。一般分为 4 类:站长平台、外链工具、关键词工具和网站统计工具。

(1)站长平台和管理员工具

站长平台主要有百度站长平台、360 站长平台、搜狗站长平台、神马站长平台、中国搜索站长平台;管理员工具主要有 Bing 网站管理员工具、Google 网站管理员工具、Yandex 网站管理工具。

(2)外链工具

外链工具主要有爱站:https://www.aizhan.com/,Chinaz:http://www.

chinaz.com/。

（3）关键词工具

关键词工具主要有 Google Trends、GoogleInsights Search、Google AdWords、百度指数、百度关键词规划师、百度搜索风云榜、Google Zeitgeist、搜狗热搜榜、金花关键词工具、飞鲁达关键词挖掘工具。

（4）网站统计工具

网站统计工具主要有 GoogleAnalytics、百度统计、CNZZ 统计。

2. 杠杆工具：ASO 优化

ASO 优化是应用商店优化的简称，主要指提升 APP 在各类 APP 商店/市场排行榜和搜索结果排行的过程。移动互联网的迅速崛起，让无数营销人员看到了一个活力巨大的新市场，其所拥有的巨大流量已经超越了 PC 端。这就使得手机 APP 成为新一代的流量巨头，这些 APP 囊括了大半个中国的网络用户，如微信、QQ、微博等，而 ASO 优化就是撬动 APP 流量的杠杆。

举一个简单的例子，有一个 APP 应用商店排名 100 位之后，那么它被人看见的概率无疑就会很小。但是，如果这个 APP 排名在前三，自然被人看见的概率就会大大增加，而 ASO 技术就是实现这一可能的过程。ASO 优化的 8 大要素介绍如下。

（1）应用名称

应用名称代表着一个 APP 的形象，从很大程度上反映了一个 APP 的功能和类型。它分为主、副两种标题，主标题的字数有着严格的限制，通常只有几个字，因此，拥有一个合适的 APP 主标题名称至关重要。副标题字数要求限制要低一些，可以写成一句话，简要介绍 APP 的功能和特点。

（2）应用图标

应用图标的分量等同于标题。当用户在应用商店搜索 APP 的时候，与标题一起进入视线的就是应用图标，而且人们通常对于非文字的图像类反应更敏感。我们不妨做个猜想，倘若在同一类型的 APP 中，你的产品与竞争对手的质量相当，但图标没有吸引力，这种情况下，相信大多数用户就会选择竞争对手，而不是你的 APP，所以一个好的应用图标决定着 APP 的点击率。

（3）关键字或标签

APP上传时要填写的与其特点和功能相关的关键字或标签，类似于我们在词典中通过笔画搜寻汉字，关键字或标签尽量要使用贴近他们平常搜索时用到的词语。

（4）应用的描述

应用描述分为简要描述和详细描述。简要描述即简短的几句话叙述出产品的主要功能和特点，详细描述则是将功能和特点做重点阐述。因此应用的描述对于APP能否快速地被人所知也是十分关键。因为用户在搜索列表界面时，他们第一眼看到的事物，除了APP的名称就是描述，所以这个因素与点击率直接挂钩，最终影响APP排名。

（5）应用上的截图和视频

毋庸置疑，进入APP后大多数用户都会点开截图和视频，体验使用APP的感受，一个质量上乘的截图和视频能够带给用户极好的体验感。

（6）用户的评价

这是决定一个产品排名的重要因素，用户评价的高低，决定着APP的口碑。

（7）应用安装量

这是用户最终下载APP时不可忽视的一点，相信很多人在使用某一类型的APP前都会下意识地对比同类型的数个APP的安装量，如果有一款达到几百万，上千万的安装量，基本上就会被优先考虑。

（8）用户活跃度

一个好的APP产品通常是通过其用户的活跃度来判断的，如果有极为良好的用户活跃度，其在应用商店上的排名也会得到相应的提高。

3. 转化工具：小程序营销

小程序的作用类似于APP，在移动端具有巨大的引流作用。同时，它又具有非常多的优点，例如，小程序用完就走，触手可碰，无须安装，用户与小程序之间仅仅存在访问关系，更加自由化；对于小程序而言，它覆盖的是特定场景下的资源，满足用户特定的需求等。正是这些特点，使得小程序拥有了转化特定目标用户的优势，众多行业闻风而动，加入小程序的浪潮之中，借助小程序转化目标用户。下面为大家梳理一部分借助小程序的营销方法。

（1）扫码进入，如摩拜单车。

（2）微信搜索，用户通过微信简单快捷地找到自身需求的小程序。

（3）社交分享，通过某些朋友的推进分享，如拼多多。

（4）微信公众号导流，在公众号里面找到需要的小程序。一般情况下都是公众号本身的图文链接，或是内容将用户引流到小程序之中。

（5）附近小程序，这是一种通过地理定位发展而来的小程序使用模式，例如，餐饮类小程序——肯德基等。

（6）使用记录，以前使用过的小程序会在微信有记录，如果主动与客服联系，商家可以继续推送小程序信息，可以实现小程序的再次使用，达到二次引流。

掌握好以上3种工具，就可以在互联网传播环节中占据主动地位，对于早期用户转化的营销设计就不会迷失方向。最后，强调一点，营销人员在追求用户的量时，往往容易不关心来源的质量，这可能就会导致早期用户大规模增长后，后期又会出现大规模的用户丢失。所以，在早期阶段一定要确保吸引到的用户大多数都是忠实用户。

三、规模化用户爆裂增长设计

如何实现用户的规模化增长。这是当今无数营销人员需要面临的难题。对于产品用户的增长，并不是急功近利就可以实现的。一些营销人员通过赠送优惠券，或者在第三方平台上买流量，都期望吸引更多的用户关注，但这些方法始终只能带来一时的用户增长，难以为继。

一个正确的用户群拓展方法在具体的执行中，一定是更好地满足新目标用户的需求。同时，加强甚至拔高原有品牌形态，抵消吸纳新用户群体所造成的品牌稀释。下面将通过万宝路香烟的案例，揭示规模化用户增长的营销方法。

万宝路是一个著名的香烟品牌，在 2017 年 6 月公布的《2017 年 BrandZ

第九章
计划全局爆裂营销行动

全球最具价值品牌百强榜》中,万宝路排第 12 名。它是由世界第一大烟草公司菲利普·莫里斯制造,至今仍是世界上畅销的香烟品牌之一。然而,在几十年前,它的销量却并不出众,甚至可以说有些惨淡,但它却凭借一次成功的营销转型,实现了用户数量的规模化增长。这次营销转型中的经验仍然值得今天的营销人员学习。

第一次世界大战后,许多年轻人追求及时行乐,抽烟也就成为及时行乐的一种标准。莫里斯公司也就是看准这个时机,以女性消费群体作为目标人群,推出万宝路香烟,并以"像五月天气般温和"作为宣传口号。

然而,万宝路香烟的市场反响却平平,女性消费者们并不认可这款香烟。莫里斯公司进行调查后,发现原来女性用户喜爱化妆,而万宝路白色的烟嘴经常会被自己的唇膏印染成红斑点点,极大地影响了这些女性用户的心情。于是,莫里斯公司将白色烟嘴换成了红色,但奇怪的是市场依然不见好转,用户数量迟迟不见增长,销量也是稳步不前。莫里斯公司的决策层曾一度考虑结束万宝路品牌香烟的生产。

不过,在第二次世界大战之后事情发生了转机。莫里斯公司为了挽救危机,决定委托营销大师李奥·贝纳对万宝路品牌进行全新的形象塑造。李奥·贝纳接到任务后,先对万宝路目前的市场情况展开了一次全面深入的调查。经过不懈努力,李奥·纳终于发现了问题所在:人们对于过滤烟嘴香烟有一种偏见,认为其更适合女性,而万宝路香烟也是持着这种观点。但当时实际的市场环境却不是这样的,过滤烟嘴香烟其实更适合男性,这才导致了它不断的失败。

经过周密的考虑,李奥·贝纳决定将香烟的用户定位为男性,并将香烟改成男性更喜欢的厚重口味。同时,李奥·贝纳向莫里斯公司提出建议,不妨用原来的万宝路品牌打造出一个具有超级硬汉气概的香烟形象。

不久,在李奥·贝纳的精心策划下,一个全面改造万宝路香烟形象的计划产生了。原香烟配方不发生任何变化;包装换为新设计的平开型盒盖;用代表力量的红色作为外包装主色调;品牌形象不再使用女性,改用强壮的硬汉形象,突出表现香烟具有的男子汉气概。

但这个时候又出现了一个难题,硬汉的形象到底选什么最为合适?李奥·贝纳对此也是举棋不定,他们先后选定了农夫、潜水员、运动员等多个人物造型。

最终，李奥·贝纳锁定了西部牛仔，并为这位西部牛仔找到了一位符合其气质的主角，他的名字叫 Clarence Hailey Long，39 岁，是得克萨斯州的一个农场工头。

Clarence Hailey Long 的脸并不完美，甚至还带有一种沧桑感，不过也正是这种沧桑感，造就了他身上独有的气质，让这位西部牛仔极具男子汉气概。

最终，经过几个月的努力后，一个闻名世界的经典广告形象诞生了。一个目光深邃、皮肤结实、全身散发出粗犷气质的男子汉，袖管高高卷起，露出汗毛旺盛的健壮手臂；手指中夹着徐徐冒烟的万宝路香烟。这个粗犷的成熟男人形象引起了无数男性用户的关注，广告获得了巨大成功。

为什么李奥·贝纳会选择牛仔形象而不是其他人物形象呢？

原来除了女性市场不适合万宝路之外，美国当时的社会背景也比较特殊。20 世纪中期，美国城市文化衰败，暴力不断，工作环境沉闷，人们对于城市的生活氛围已经感到厌倦。而西部牛仔代表着自由与奔放，刚好吻合了人们想要回到充满自由、民风粗犷的乡野中的内心诉求。这种豪放、粗犷、力量的牛仔形象，让人感到热血沸腾。他是勇于开拓未知的男子汉形象的化身，体现出美国精神里具有正能量的一面。

万宝路的品牌新形象推出之后，引起了消费者的巨大共鸣。借助于牛仔形象，它让所有抽万宝路香烟的人感受到一种前所未有的精神满足感。短短一年，其市场销量整整提升了 3 倍。1955 年，万宝路销量在美国香烟品牌中排名第 10 位，一跃成为世界知名品牌。1975 年，万宝路成为卷烟销量第一的品牌。1989 年，万宝路全球售出 3180 亿支，超过了瓶装可口可乐销量。

从"窈窕淑女"到"硬汉牛仔"，万宝路的品质原封不动，但前后的品牌影响力差距竟然如此之大！

从营销的角度来看，李奥·贝纳营销方案之所以能够取得巨大的成功，是由于其找到了新的男性用户市场。那种散发着男性粗犷、野性的英雄形象，对于广大男性烟民的吸引无疑是难以阻挡的，凭借着这种西部牛仔形象，万宝路香烟能够源源不断地吸引新的男性用户加入。

同时，香烟这种产品本身具有极强的黏性，一旦用户认可其品牌后，复购的概率远超一般的产品。而且由于西部牛仔勇于开拓未来的形象,呼唤起美国人心中对"美国精神"的向往与追求。就像电影《当幸福来敲门》的落魄业务员克里斯·加德纳在生活穷困潦倒之际,依然坚信着:如果你有梦想,那么就必须去捍卫它!这种精神共鸣会让使用万宝路香烟的用户们自发宣传,从而形成良性的裂变,实现用户数的爆发式增长。

综上所述,规模化用户爆裂增长的设计方法依然要以优质内容为主,以拉新、复购、裂变为主要核心方法,杜绝急功近利。同时,对于原有的品牌形象,也要不断创新,以新用户的增长消减老用户的退出。

四、不同成长阶段的全局爆裂营销计划

全局爆裂营销计划分为 3 个阶段:初创阶段、成长阶段和成熟阶段。

(一)初创阶段:形成闭环

"我知道我的广告费有一半浪费了,但遗憾的是,我不知道是哪一半被浪费了。"这句话就是经典的沃纳梅克之惑,它是由 19 世纪的营销大师约翰·沃纳梅克所提出的观点,也被称为广告营销界的"哥德巴赫猜想"。

而闭环营销就是源自这一个理念,营销人员通过对现有用户的数据进行追踪、收集和分析,实现更有效率地将潜在用户转化为消费者;同时,通过对这些新增消费者数据的收集,不断优化产品与服务,满足更多的潜在用户,最终实现营销的闭环。

脸书是美国一个提供社交服务的网站,单日用户数量已经突破 10 亿人的大关。脸书创始人扎克伯格的团队一直将主要精力放在研究用户的行为数据之上,包括点赞、分享、留言、点击页面等。

脸书通过对用户数据分析后得出这样一个结论:用户在正式成为情侣的 50 天里,两人之间的发帖互动越来越频繁。而两人正式成为情侣后,互相发帖的数量有所下降。发帖的高峰期在两人确立情侣关系的前 12 天,平均每天的发帖数为 1.67 次;确立情侣关系的 12 天里,两人平均每天的发帖数为 1.53 次。

美国研究院卡洛斯认为:"随着彼此之间交往的时间增多,社交网络中

的用户在表露爱意期间会释放更多的信号，这个信号就是对方脸书留言板上的帖子。而一旦两人确立了恋爱关系，两人脸书留言板上的帖子数量会出现下降趋势。这是因为恋爱期间的情侣更愿意花费时间在现实生活中相处。"这个现象与卡洛斯的观点不谋而合，情侣在度过确立关系期后，双方相处的时间增加，线上互动的时间自然相对减少。

依据这一结论，脸书收集了大量潜在情侣的信息，并对这些情侣的收听音乐习惯进行分析。最终，脸书得出了一个情侣确定恋爱关系以后喜欢收听的音乐榜单。在情人节当天，脸书公布了这个有趣的榜单，如图9-6所示。

第一	"Don't Wanna Go Home"（不想回家）
第二	"Love on Top"（爱唯一）
第三	"How to Love"（如何去爱）
第四	"Just the Way You Are"（你就是你）
第五	"Good Feeling"（好感）
第六	"It Girl"（女孩）

图9-6 脸书的情侣歌曲榜单

这份榜单上的歌曲引发了脸书情侣用户的共鸣，很多情侣们自发地在脸书、谷歌、推特等平台上转发，而许多新闻媒体也对这件事情进行报道。脸书借着这份歌曲榜单完成了一次广泛而深刻的广告宣传，从而为自身带来了更多新鲜的血液。

脸书通过对精确的数据进行分析，并且将这些分析的结果应用于数据的推荐上，带给了用户更美好的体验，而美好的体验又会让用户对脸书产生信任，并自发为之宣传。有研究表明，脸书在近几年的时间内收集了超过300PB（1PB=1024TB，1TB=2014GB）的数据信息。拥有如此之多数据的脸书将其应用到搜索、广告、图谱搜索、电子商务平台4个主要方面，形成更为全面的营销闭环。

1. 搜索

在搜索方面，脸书本不占优势，甚至于存在很大的劣势，故而脸书不得

第九章
计划全局爆裂营销行动

不将自身的一部分用户转到谷歌的搜索服务。不过,如今的脸书正在做出改变。

例如,一对情侣或者夫妇想要前往夏威夷度假,谷歌就会根据用户的搜索记录推荐夏威夷知名的海滩、景点和饭店,但最后的推荐效果却十分一般。而脸书则是通过收集的海量用户数据进行逐一对比,挑选出曾经去过夏威夷旅游的用户好友,将他们的旅游感受、酒店评价、景点观后感等内容推荐给用户。因此,对于脸书来说,这场推荐指南的对决已经占优势。

2. 广告

脸书将用户的体验作为第一目标。而广告的插入时机、时长、种类等因素便会极大影响用户的体验。故此,脸书通过精确的数据分析,在扩展广告业务的过程中,确保用户的体验不会受到太大影响。基于云计算的数据营销,lgnition One 公司发布过这样一则数据:脸书近两年增速势态依旧良好,截至 2018 年,移动广告收入将高达 850 亿美元。

3. 图谱搜索

脸书开放了图谱搜索,这是一个通过描述某个人和他的朋友、熟人、喜爱的明星等内容建立起的关系网。这一功能与传统的关键字类型搜索相比,能够满足用户的深入需求。通过图谱搜索,用户可以更为快速地找到自己所需内容。

比如,当用户想要搜索电影时,并且想要找到有相同爱好的朋友时,用户就可以搜索"我的好友中有谁曾经看过 XX 电影",这时脸书就会推荐一大堆好友名单,用户就可以选择其中的某些好友进行交流。

以往人们通过谷歌、百度等搜索引擎搜索信息时,得到的结果往往是已经存在的信息,例如,搜索"空气净化器""苹果手机"等关键字时,就只出现关于这几个关键字的数据信息。而脸书上的搜索结果是某些好友曾经留下的言论,这种搜索模式无疑更能满足用户内心深处的隐性需求。

4. 电子商务平台

2017 年,全球电商市场规模达到 2.304 万亿美元,同比增长 24.8%。面对如此庞大的市场,脸书也早早推出了购物平台,帮助某些品牌在社交平台上进行零售。

不过，脸书的野心远不止于此。它在大洋洲测试具备独立交易的电商平台，美国科技新闻网对此事件报道称："脸书的这一举动，将会让众多的网络交易平台感到'失眠'，包括网络交易平台 eBay 和交易信息发布平台 Craigslist。"可以说，联系建立的网络交易平台意在建立起一个新的"亚马逊"。

目前，各大互联网巨头都希望能够成为用户的"钱袋"，包括谷歌、苹果、亚马逊等，这其中脸书的图谱搜索功能又具有得天独厚的优势。未来，电子商务有可能就是脸书的主要发展方向。

以上所举的脸书案例是为呈现一个闭环营销的过程，其中的方法值得深入推敲，闭环营销的原理与脸书的决策并无二致。简言之，闭环营销就是通过数据记录与分析，让营销行为每一步的效果可观察、可衡量，从而为企业带来真正有效的流量，形成一个良性的循环。

（二）成长阶段：小型规模化

营销计划迈过初期后，就进入成长阶段，此时，营销人员就需要采用小型规模化的营销方案，提升品牌知名度，壮大企业实力。因为还是成长期，不具备品牌规模，所以，营销人员在策划活动时要考虑成本是否在合理的范围内，投入多少成本，预估获得多少回报。

2015 年 4 月，日本成田国际机场的 Gallery TOTO 卫生间正式对外开放。它是由著名建筑事务所 Klein Dytham architecture 设计，旨在宣传 TOTO 公司马桶产品的独特功能与企业文化，强化人们对于 TOTO 公司的品牌认知。如图 9-7 所示。

图 9-7　Gallery TOTO 体验型卫生间

第九章
计划全局爆裂营销行动

成立于日本福冈的TOTO公司是一家以厕所产品为主导地位的企业，虽然其产品深受日本用户的喜爱，但在海外第一市场的中国却遭遇了"滑铁卢"，其普及率仅为3%，其他同类型的高端产品也是如此。

TOTO公司一直想打开中国市场，但由于自身在中国的品牌知名度并不高，如果采取大规模的广告宣传，成本预算太大，容易挤压资金链。一旦中国市场广告的效果不佳，日本国内的市场宣传也要受到影响。

最终，TOTO公司决定建造一间厕所，然后在其中安装自家的产品，以有限的成本完成一次持续长久的营销活动。

确立了方向以后，TOTO公司需要先考虑渠道选择的问题。由于家用的私人厕所传播范围极其有限，不能形成广泛的推广作用，因此公共厕所成为首选。于是，TOTO公司聘请建筑事务所Klein Dytham architecture为其设计厕所外观。

确定好传播渠道后，TOTO公司又面临一个新的问题，厕所的选址该如何确定？TOTO公司将解决地址的复杂问题细化为两个小问题。第一个问题是需要确定厕所地址的类型，如公园厕所、湖边厕所、景点厕所等。

关于厕所地址类型的选择有3点要求。首先，地址要选在一个人流量大的公共场所。其次，这个场所要干净整洁。例如，厕所选择地是一个公园，但公园的环境脏乱差，那么即便厕所内部的设施很完善，外观很优美，也很难吸引大量的用户。最后，这个场所需要有众多的中国客户经过。

TOTO公司经过一番思量以后，终于确立了选取的地点——机场。机场这一所在地完美地满足了以上3个条件：机场的人流量巨大；机场的环境卫生良好，公共环境舒适；每天来往于中日之间的中国用户众多。

第一个问题解决后，TOTO公司便开始着手解决第二个问题，选取哪一个地区的机场最为合适？经过慎重考虑后，TOTO公司决定在成田国际机场建造厕所。

原因是为了迎接2020年的东京奥运会，成田机场进一步完善了基础设施。放眼整个日本国内，很难找出几家基础设施可以与"成田"相媲美的机场。而奥运会的到来，必然会吸引无数的国外游客，这又能够给TOTO公司的品牌带来更广泛的传播。因此，选用成田机场作为厕所的地址也就顺理成章。

最终，Gallery TOTO 卫生间坐落在日本成田国际机场第二航站楼连接走廊的休息区。作为一种未来式的体验型卫生间，Gallery TOTO 具有十足的艺术美感，四周的墙壁上布满了视频展板，让人倘若置身于艺术画廊一般，感受美感与现实交错。

同时，Gallery TOTO 卫生间的壁面装有 LED 屏幕，吸引路过行人的目光。然而实际上这并不是一个半透明的空间，它只是一个屏幕上的影像。设计师之所以如此设计，主要是想让人们获得不一样的如厕体验。而为了增强这样的效果，LED 屏幕上的人影能够动态表演，从站立到走动，从跳舞到群舞，如图 9-8 所示。

图 9-8　TOTO 厕所的壁画图像

Gallery TOTO 卫生间内部一共有 10 个房间，包括男女厕所各四间，一间哺乳室及一间多功能室。这些房间里面不仅配备了坐垫、冲洗工具，还有完善的消毒与除臭措施，让用户在如厕时也能感受到无微不至的贴心。

TOTO 公司借助 Gallery TOTO 卫生间向世人展示了智能化的全自动马桶、感应龙头等多项拥有 TOTO 最新技术的尖端产品，并将动态壁画的创意融入其中，成功抓住了人们的眼球。同时，只要 Gallery TOTO 卫生间不拆除，这场营销活动就会一直存在，从而持续不断地宣传 TOTO 的产品。如此一来，既节省了费用，又能帮助公司 TOTO 打开中国市场，提高品牌影响力。

（三）成熟阶段：大型规模化

这个阶段的企业已经积累了很多用户，品牌也相对成熟，此时营销人员需要做的就是保持原有营销计划顺畅的情况下，不断增加新鲜刺激的元素，维持品牌的活力。

2017年3月20日，网易云音乐举办了一场名为"看见音乐的力量"营销活动。网易云音乐通过在杭州地铁1号线与江陵路地铁站投放网易云音乐用户的评论（以下简称"乐评"），成功引发了社会的广泛关注。这些乐评是网易云团队从4亿条评论中，挑选出点赞最高的5000条评论，最后再从中选出85条。

下面为大家摘选了一部分的乐评内容。

当你觉得孤独无助时，想一想还有十几亿的细胞只为你一个人活
我喜欢我望向别处时你落在我身上的目光
人生的出场顺序太重要了
我想做一个能在你的葬礼上描述你一生的人
我离天空最近的一次，是你把我高高地举过了你的肩头。
哭着吃过饭的人，是能够走下去的
喜欢这种东西，捂住嘴巴，也会从眼睛里跑出来
最怕一生碌碌无为，还说平凡难能可贵

网易云此次营销活动并无任何宣传语的创作，仅凭借搬运用户的评论，并投入杭州地铁站便可以取得如此大的成功，其背后的原因值得人深究。

第一点，为什么网易云会选择杭州这座城市。

杭州的经济发展速度一直位居全国前列，尤其在杭州的G20峰会召开后，其影响力得到进一步加强。此外，它的城市规模、人口数量、人口流动，都符合大范围传播的条件。而且自古以来杭州都属于文化之都，当地人天然具有一种文人情怀，这与网易云的"有情怀"主旨十分契合。综合以上种种原因，网易云音乐的营销团队将宣传地点敲定在杭州。

第二点，网易云为什么会选择在地铁投放广告。

摩登天空曾在长沙租下了一辆地铁，改名为"975摩登音乐台地铁专列"。地铁空间画有涂鸦设计，而当乘客进出站时，地铁内会响起知名歌手录好的音频。例如，宋冬野录过的一段音频——列车运行时请站稳扶好，胖子请扶瘦子一把，摩登青年请为有需要的乘客让座。有了摩登天空的营销案例可以借鉴，网易云音乐也就不必摸着石头过河。

从产品的角度出发，音乐是一种讲究场景化消费的产品。如果用户的情绪、听音乐的时间、当地的天气等因素发生变化时，用户想要倾听的音乐也会发生变化。当地的天气、听音乐的时间等因素属于不可掌控的因素，而用户的情绪变化却是可以受到影响的，只需要找到一处容易让用户情绪出现波动的场地即可。

地铁车厢类似于一个长条形的密闭空间。有科学研究表明，人类在这种环境下，更容易被外来的感情所影响。于是，网易云音乐的营销人员选择地铁也就不足为奇。

第三点，网易云音乐为什么选用乐评为营销活动的内容。

"乐评"代表着用户本人最真实的情感宣泄，它比营销人员更懂用户的需求。而且网易云的乐评是从4亿条评论中，千挑万选出85条作为最终的内容，确保每一条评论都击中听歌人的内心。同时，网易云的大多数资深用户都有"听歌刷评论"的习惯，乐评无疑更能引起这些用户的情感共鸣。

能静下心听歌的人，永远都是有故事的人。有故事的人，往往都是容易感怀的人。网易云音乐通过乐评营销，为自身品牌注入新的活力，完成围观群众→潜在用户、潜在用户→新用户、老用户→忠实用户的转变。

营销人员在不同成长阶段的营销计划需要有所不同。在初创阶段，营销人员需要打造营销闭环；在成长阶段，营销人员需要注重成本与品牌的打造；在成熟阶段，营销人员需要维持企业品牌的活力。

第十章
搭建增长导向、数据驱动的全局爆裂营销团队

在我们的身边，每天有各种各样的数据产生，例如，网页浏览记录、电商购物记录、微信朋友圈使用次数等。于是，越来越多的企业开始着手搭建目标导向、数据驱动的全局爆裂营销团队。在此种团队的助力下，用户的行为可以被分析、预测、引导，这有利于企业找到目标用户，然后投其所好，最终实现真正意义上的爆裂式增长。

一、增长为目标导向

如果你是一个高级的营销总监，你肯定听说过一个风靡一时的名词——"增长黑客"。在营销的过程中，所有人都想在不到 5 分钟的时间内获得 10 倍的效果。但事实总是如此残酷，因为真正的增长依然来自持续扩张的投资渠道，以及营销团队的共同努力。

在这种情况下，我们必须要搭建一个以增长为目标导向的营销团队，那么具体应该如何做呢？最重要的就是先把一些问题整理清楚，然后再根据 SMART 原则设定科学合理的增长目标，最终实现各个成员的进步。

在决定搭建一个营销团队之前，我们必须要问自己一些比较尖锐的问题，通过这些问题，我们可以判断自己是否真的已

经做好充足准备。这样的话，大量的时间和资源就可以节省下来，然后继续投入下一个团队的搭建之中。

问题1：有没有为整个营销团队准备预算？

一个可以增长的营销团队绝对不可能由一个人单独撑起来，而是需要一些经验丰富、能力强大的成员共同组成。而且我们不仅要根据实际情况来进行成员的分工和增减，还应该为整个营销团队留出足够的预算和开发时间。更重要的是，还必须做好在短时间内可能不会产生任何效益的心理准备。

问题2：在有限的空间里，涌入的流量是否可以得到妥善处理？

随着企业的不断发展，基础设施会变得越来越完善，很多问题可以得到解决。不过，对于刚刚成立的企业来讲，妥善处理流量确实是一件比较大的事情，这时就需要专门的成员来完成，所以我们必须要提前把好关。

另外，在正式开始营销之前，付出100%的时间非常有必要，这有利于让品牌和产品实现病毒般的传播。然而，当营销过程中的流量不断增多时，是不是有相应的设备来对其进行妥善处理，这是我们必须要考虑的问题。因此，除了成员以外，设备也是实现增长目标的一个必要条件。

问题3：工程部门设定的发展计划有没有包含在增长当中？

在新时代，很多企业都会有工程部门，使其对相关技术进行把控，提升产品的质量。不过，即使企业的规模特别大，经济实力十分雄厚，工程部门也不会有太多成员，毕竟他们只要负责抓到需要完成的项目就可以。

但营销团队并非如此，因为随着企业的不断壮大，营销的任务会不断加重，这时就需要增加成员，一般维持在25人以内比较合适。在这之后，我们还需要规划项目和提供不同类型项目所需要的资源，并将营销团队分为"台前"和"幕后"两个部分。

只要有了营销团队的构架，也对各种资源进行了合理的配置，就说明已经可以开始进行正式的搭建工作。接下来，我们必须雇佣既有招聘经验，又有增长技巧的人，让他去不断扩充和提升营销团队的素质。当然，在这一过程中，相应部门始终要得到足够的重视。

问题4：企业的增长可能来自哪里？什么样的产品可以参与到营销当中？

如果你是营销总监的话，那你不仅要对整个营销团队负责，还要对增长

第十章
搭建增长导向、数据驱动的全局爆裂营销团队

了如指掌,清楚增长点可能来自哪里。而要想实现这一目标,你应该考虑很多问题。例如,企业使用的平台是什么?企业掌握了哪些先进技术,有什么独特的优势?在增长的过程中可能会出现什么样的挑战等。

除此以外,你还应该充分了解来自各个方向的竞争,明白你的产品会有多大的市场?当然,如果是全新的产品,那你就应该掌握其全部的功能,分析这个产品有没有可能在你的朋友之间广泛传播。把这些问题想透彻以后,你就可以招聘到最合适的成员,而不是一个只会营销的专业人士。

搭建营销团队之前,上述4个问题必须得到解决,这样才算是做好了充足的准备。然后,我们还需要关注增长,完成增长目标的设定,以便让每一个成员都能发挥出最大的价值。在设定增长目标的时候,SMART原则必不可少。

SMART原则由管理学大师Peter Drucker提出,最开始出现在他的著作《管理实践》(*The Practice of Management*)当中。根据Drucker所说,一位优秀的管理人员懂得如何避免"活动陷阱"(Activity Trap),也不会只顾低头拉车,而忘了眼观四路,耳听八方,忽略了自己最重要的目标。SMART原则一共由5个部分组成,如图10-1所示。

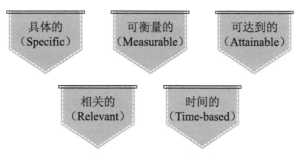

图10-1 SMART原则

(一)具体的(Specific)

目标必须是具体的,要能切中特定的工作环节,不可以模糊不清。具体的目标,是指所要达成的行为标准必须用清晰详细的语言阐述出来。如今,几乎所有成功的营销团队都有非常具体的目标,而那些没有取得成功的营销

团队很可能是因为设定的增长目标不够具体，导致成员在执行的时候缺少明确的方向。

例如，营销总监为某个成员设定了一个小目标"今天必须要让产品被更多人知道"，这个目标虽然看起来挺具体，但其实并非如此，因为"更多"是一个模糊的概念。如果把这个小目标改为"今天要让知道产品的人增加30%"就会变得比较具体。

（二）可衡量的（Measurable）

目标必须是可衡量的，要有数量化及行为化的特征，同时还要可以获得验证绩效指标的有效数据或者信息。设定的目标明确而不模糊是可衡量的基本标准，并且衡量是否达成目标，要有一组明确的数据可做参考。

判断设定的目标是否能实现，取决于目标是否能衡量，像那些大方向性质的目标就非常不好衡量。举一个比较简单的例子，某营销总监设定了这样的目标："这个月要制作出一些有效的营销方案"，其中，"一些"和"有效"都没有明确的衡量标准，以后在进行绩效考核的时候也无法作为依据。

（三）可达到的（Attainable）

目标必须是可达到的，这是指设定的目标要能够通过努力得以实现，不能过高或者过低。试想，如果营销总监为了达成自己的利益，使用不适当的行政手段，把自己制定的不符合实际情况的目标强加于成员身上，那么就会导致成员在心理或者行为上的抗拒，最终取得适得其反的效果。

（四）相关的（Relevant）

目标不是独立的，要和其他目标具有一定的相关性。作为营销总监，制定的目标一定要脚踏实地，看得见摸得着，这样有利于后期的证明与察验。如果目标与其他目标没有任何相关性的话，即使真的顺利实现，那取得的意义也并不是很大。

（五）时间的（Time-based）

目标的截止时间必须明确而清楚，要有一定的界限。在设定目标之前，营销总监首先要做的就是选择截止时间。如果没有把这个环节做好，不仅会导致绩效考核的不公正，还会影响成员的工作热情和积极性。例如，"把产品投放到微博上进行推广"，这个目标就没有具体的截止时间，成员在执行的时候根本无据可依。

搭建营销团队并没有那么简单，除了需要提前做准备以外，还要把握大局，将增长目标设定好。而且随着新阶段的开启，营销团队的各个方面也有了很大变化，所以我们必须要审时度势，及时进行调整。

二、传统的品牌导向营销团队

营销团队有传统和新型之分，虽然后者有较为明显的优势，但不得不承认，现在依然有很多企业并未对此做出改变。在这种情况下，作为营销团队的领导者，营销总监有必要了解传统的营销团队，增长更多见识。

传统的营销团队应该有3层，这3层和金字塔非常相像。其中，顶层应该是营销总监，主要职责是控制整体方向，制定完善的营销策略，高效整合人力、资金、媒体、商场等资源。中间层包括策划经理、宣传经理、运营经理、市场经理等，这些经理应该负责，将营销总监的营销策略分解成不同的"战术"，然后下达给底层的成员，并在实施过程中进行监督和指导。底层则是各类成员，如美工、程序员、媒介策划、优化专员、外链专员等，他们的工作就是完成上级下达的任务，保证营销工作的顺利进行。

上面是一个非常理想的营销团队，这种明确的分工不仅可以提高工作效率，减少内耗，还可以进一步优化"战斗"效果。但是，这样的营销团队并不适合一般的中小型企业，因为搭建的成本非常高，而且一旦运作不成功的话就会产生非常大的损失。因此，在搭建营销团队的时候，一定要仔细分析企业的实际情况。

以一个50人左右的企业为例，合理的营销团队成员应该控制在3～5人。

具体来说，一个营销总监、一个负责联系渠道、一个负责 SEM 的优化和执行、一个负责媒介开发和文案撰写。当然，如果是对互联网依赖程度比较高的企业，那就应该多设置一些互联网推广成员，加大在互联网方面的投入。

优秀的营销团队应该由哪些成员组成呢？首选，需要一个决策者，他应该具备丰富的营销经验，对市场、营销、渠道、互联网、用户有一定的了解和敏锐的见解；其次，需要几个管理者，他们应该具备较高的职业技能，可以统筹制定相关的实际工作，将好的方法和技巧灌输给下级，让下级以饱满的工作热情和积极性投入实际工作；最后，需要一些执行者，他们应该具备独立完成本职工作的能力，还要熟练运用工作中可能使用到的工具，更要有踏实肯干的态度，以及不遗余力的执行信念。

将上述成员聚集在一起之后，营销团队就相当于已经搭建完成，接下来就要进行更加关键的一个环节，那就是管理。如果无法做好管理的话，那再优秀的营销团队也无法取得好的效果。总的来说，管理应该从以下几个方面入手，如图 10-2 所示。

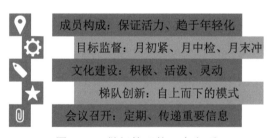

图 10-2 做好管理的 5 个方面

（一）成员构成：保证活力、趋于年轻化

在成员构成方面，必须要保证活力，朝年轻化方向发展。通常情况下，年轻人接触媒体的速度和宽度更有优势，他们对互联网非常擅长，而且有比较垂直的地方。除此以外，因为年轻人有很好的创造性和洞察力，所以可以被很好地整合起来。

（二）目标监督：月初紧、月中检、月末冲

前面已经说过，营销团队必须要有目标，而当目标设定出来以后，作为领导者的营销总监就应该去帮助和督促自己的成员去执行目标。在执行目标的过程中，有3个非常重要的关键期，分别是月初、月中、月末。针对不同的关键期，我们需要做不同的工作、把握不同的重点。通常情况下，月初应该紧、月中应该检、月末应该冲。

首先是月初紧，即前10天要完成50%的月目标。我们在做任何事情的时候，都希望来一个"开门红"，营销工作当然也是如此。所以，我们应该在月初的时候就让每一个成员都紧绷着一根弦，不要给他们放松、休息的机会，争取做到目标的"开门红"。

其次是月中检，指的是检验目标完成情况，督促后进者。到了月中，也就是意味着这个月已经过去了一半，所以，我们需要对成员的目标完成情况进行了解，看看他们有没有完成月初50%的月目标？可不可以在月末的时候顺利完成月目标？

如果发现有完不成目标的成员，那我们就需要采取一定的措施。例如，安排他们对产品进行系统学习、传授他们一些营销的技巧和方法、锻炼他们的思维能力等。另外，我们也可以让这些成员总结自己没有完成目标的原因，避免再出现同样的情况。

最后是月末冲，即月底总动员，冲刺最终目标。"已经到了月末，大家冲一把吧"，这是大多数营销总监惯用的说辞，但这句话其实起不了太大的作用。我们真正应该做的是，激发成员们的士气，多夸奖、多表扬，让他们自己去重新整合资源。

（三）文化建设：积极、活泼、灵动

与其他团队一样，营销团队也需要进行文化建设。高效的营销团队必须有非常积极、活泼的文化氛围，这关系到每一位成员的成长和发展方向。灵动的工作环境可以促使所有成员全身心地投入工作当中，激发他们对企业的热爱和理解，进而产生更多的工作热情。

（四）梯队创新：自上而下的模式

营销团队中的角色分配应该是一种自上而下的模式。例如，年轻的成员出创意，发扬头脑风暴；稍长一点的成员去要资源；成熟的成员做决策，把握大局。这样，不仅可以避免领导专权独断，还可以将决策的风险降到最低。

（五）会议召开：定期、传递重要信息

会议是让成员了解企业近期动向，以及其他重大事件的一个有效途径，必须要定期召开。以月度会议为例，营销总监应该对成员的目标完成情况做总结，同时还需要针对成员工作的优良兑现奖惩措施。此外，如果想解决某个成员无法解决的疑难问题，进而增强整个营销团队的凝聚力，那么协调会议的召开也非常必要。

如今，无论是营销团队的搭建，还是成员的培养和管理，都不可能一蹴而就，而是必须经过一段比较长的时间。一个优秀的营销团队注定有着不一样的基因，只有善于经营、总结、观察，精于修炼内功，才可以在行业中站稳脚跟，获得良好发展。

三、新一代基于数据驱动的全局爆裂营销团队

传统的营销团队将重点放在宣传和推广两个方面，却并没有专门的数据人员来对数据进行多维分析，深度挖掘，所以很难将定位用户、寻找营销爆点等工作做好。而新一代基于数据驱动的营销团队则可以有效避免这一情况的出现。

如今，企业需要充分挖掘数据的商业价值来提高产品的转化率，这个工作自然而然就落到了数据人员身上。亚马逊为什么发展得如此迅速？并不是因为它可以向消费者提供有用的信息，而是因为它可以向消费者提供快速决策和进行下一步消费行为的捷径。

具体来说，消费者可以通过任何一个渠道购物，他们的消费往往是从一个渠道开始，在另一个渠道结束。例如，先在线上浏览产品的属性、价格、

第十章
搭建增长导向、数据驱动的全局爆裂营销团队

库存等信息,然后进行购买,由线下送货。当然,他们也可以选择直接到线下门店购买。

在这个过程中,消费者的每一个消费行为都会留下大量的数据,如果企业想充分利用这些数据的话,就需要将这些数据结构化并进行深度挖掘。如此一来,企业就可以为消费者提供"一对一"的个性化购买建议和营销信息,从而优化消费者的消费体验,进一步激发付费行为的产生。

同样,除了亚马逊这类电商之外,互联网企业也可以根据数据进行产品的研发和服务。这也就意味着,任何行业的任何企业都可以利用数据来提升自身的竞争力。现在,很多企业都具有获取数据的能力,这些数据可以帮助企业完成很多工作。例如,分析消费者偏好、创新商业模式和产品、开发更多业务、充分打开市场等。

由此可见,数据对于企业非常重要,而这也从侧面反映出,在营销团队当中,数据人员占据了不可替代的地位。所以,营销总监要想壮大自己的营销团队,提升最终的营销效果,可以从数据人员着手,用数据说话。

(一)数据的来源

优秀的数据人员和营销总监都会对数据的来源了如指掌,这是用数据说话的一个重要前提。通常情况下,数据的来源主要有以下几种,如图10-3所示。

图10-3 数据的来源

1. 自己的数据库

每个营销团队都应该有自己的数据库,这个数据库中会有各个类型的数据,例如,营销目标分析、用户资料、消费者偏好、消费历史等。

2. 市场上公开的数据

例如，国家统计局的数据、其他企业发布的年度报告、第三方调查机构的研究报告等。当然，我们也可以对公开的零散数据进行整合。

3. 购买的数据库

市场上有很多数据库可以自由购买，例如，Bloomberg、OneSource、Wind等。不过，这里需要注意的是，我们在购买的时候最好使用企业的名义，以防止出现不必要的麻烦，对工作造成不好的影响。

4. 发布调查问卷

有时候，为了一些比较特殊的项目，我们也可以通过发问卷的形式来收集数据。但是这种形式不适合数据需求量太大的项目，因为制作和收集问卷的工作量非常大，需要耗费很多的人力和物力。此外，即使是电子版问卷，也无法保证交付的质量。

5. 用户自己提供

用户也是数据的一大来源，而且由用户自己提供的数据也更能体现市场的变化和走向。举一个比较简单的例子，今日头条通过用户的观看记录来分析其喜好，并在此基础上进行智能化的自动推荐。

借助上述几种数据的来源，我们可以收集到大量的数据，然后使其成为营销团队制定营销策略的依据。但如果是营销总监的话，就不仅仅要收集数据，更要让数据在最合适的地方发挥最强大的作用。

（二）如何利用数据

京东是一个家喻户晓的知名电商，短短几年时间就发展到今天这样的地位，并受到了广大用户的欢迎和喜爱。在这之中，一定存在着某些原因，而其营销团队的数据利用能力就是非常重要的一个。那么，京东的营销团队究竟是如何利用数据的呢？可以从以下几个方面进行详细说明，如图10-4所示。

第十章
搭建增长导向、数据驱动的全局爆裂营销团队

图 10-4　京东的营销团队利用数据的几种方式

1. 产品选择，推出套餐

选择主打的产品要分析很多数据，例如，同类产品热销的特征、当季营销策略的变化、营销的目标等。如果是把服装这种季节性产品作为主打，则更是要谨慎对待。通过推广主打的产品，不仅可以带动其他关联产品的销售，还可以促进销售额的大幅度增长。因此，京东的营销团队总是会在分析大量数据的基础上，选择主打的产品，并推出套餐。

2. 产品图片拍摄、处理及上传

每款产品拍摄不少于 8 张照片，总体照片要体现出产品的特性与定位，可以进行街拍棚拍、环境内拍摄，并且不仅仅限制于此。在细节方面，例如，衣服的领口、袖口、吊牌等都需要进行拍摄。

处理图片的大小与像素都要严格按照京东的要求去制作，产品的表现特性要清晰，还要符合客户们浏览的习惯。产品的图片上传于京东平台时，要根据自身产品的不同性能进行分类，并对网站进行更新与维护。

3. 产品文案优化及关联产品销售

在进行产品描述的时候不仅限于对产品的颜色、尺寸、数量等销售属性进行描述，还应该考虑产品使用人群的消费态度、消费者考虑利益的出发点、产品的制作流程等几个方面。这样可以让用户更加全面地了解产品，增加产品可信度，进一步传播品牌文化。每件商品都应该按照不同的角度去关联其他同类的产品，从而提升其他同类产品的宣传力度。

4.促销方式选择

优惠活动历来被认为是促进零售商品销售的最好方式,在这种情况下,京东的营销团队会结合其他平台的促销方式,来不断调整自己的促销方式。

5.UI装修、优化

根据相关数据可知,UI(用户界面)应该符合用户的使用习惯,并对产品有一个清晰的分类。因此,京东始终都会以月为周期对自己的UI进行调整,同时结合上个月的具体情况分析这个月的营销策略。

UI调整的项目有很多,例如,产品分类导航、产品关联展示、优惠活动焦点等。不仅如此,还需要根据不同的情况打造新的热销产品,并使热销产品的销量能持续稳定地增长。

不难看出,在数据的助力下,营销效果确实可以有明显的增长,整个营销团队也能有更多的参照。可以说,通过对各种各样的数据(例如,用户对当月促销活动的点击率,点击后的购买率,购买后的退换率等)进行分析来制定营销策略,不仅可以提升营销团队的工作效率和工作质量,还有利于下次促销活动的精准策划。

附 录

附录1 营销活动策划方案表

营销活动策划方案表

活动名称			
活动时间		活动地点	
活动目的			
活动背景			
活动形式		参与对象及人数	
活动内容			
活动流程			

附录2 营销活动实施方案表

营销活动实施方案表

场景设计				
道具准备	名称	数量	单价	合计
	经费预算			
场景建造				
活动流程				
人员安排	活动组	人员安排		
		组长	联系方式	
		组员		
		组长	联系方式	
		组员		
		组长	联系方式	
		组员		
		组长	联系方式	
		组员		
流程安排	活动元素	落实进度（日期）	主负责人	副负责人
	场景设计			
	道具			
	场景建造			
	活动流程			
	人员安排			

附录3 营销总监考核表

营销总监考核表

编号：　　　　姓名：　　　　　　　　　　　　　　　　年　月　日

考核项目	考核内容	标准分值	自我评分	考核小组考核分
工作态度	1. 把工作放在第一位，努力工作 2. 对新工作表现出积极态度 3. 忠于职守 4. 对部下的过失勇于承担责任	20		
业务工作	1. 正确理解公司目标和经营方针，制订适当的实施计划 2. 按照员工能力和个性合理分配工作 3. 做好部门间的联系和协调工作 4. 工作中保持协作的态度，推进工作	30		
管理监督	1. 善于放手让员工执行，鼓励大家的合作精神 2. 注意生产现场的安全卫生和整理整顿工作 3. 妥善处理工作中的失误和临时加的工作 4. 在人事安排方面下属没有不满	20		
指导协调	1. 经常注意保持下属的工作积极性 2. 主动努力改善工作环境的提高效率 3. 积极训练、教育下属，提高他们的职业技能 4. 注意进行目标管理，使工作协调进行	15		
审查报告	1. 正确认识工作的意义，努力取得最好的成绩，工作的方法正确，时间与费用使用得合理有效 2. 工作成绩达到预期目标或计划要求 3. 工作总结汇报准确真实	15		
	总评分	100		

附录4 营销人员能力考核表

营销人员能力考核表

姓名		决定评定分数			
	特别优秀	优秀	普通	需要努力	差
业务能力	应付客户的能力极强,有明确的销售战略和熟练的业务能力	有极好的交际能力,善于应酬,责任感极强,工作协调性卓越	能随机应变,尽量满足客户需求	基本能完成自己的销售任务,人事协调能力好	表现欠佳,不能按时完成任务
满分15分	15分	14～12分	11～9分	8～6分	5分以下
满分10分	10分	9～8分	7～5分	5～4	3分以下
满分5分	5分	4分	3分	2分	1分

工作状况	标准上班日数	日	记载事项	综合意见
	缺席（事假）	日		
	（丧假）	日		
	（无故）	日		
	早退	次		
	迟到	次		
	迟到早退缺席换算	日		
	缺席总计	日		
	实际上班日数总计	日		

对判定奖赏的反映		本人对判定的不满
对判定加薪的反映		
对判定训练的反映		调整
对判定晋升的反映		

评分标准：

25分以上为"特优"；

20～25分为"优秀"；

15～20分为"普通"；

10～15分为"需要努力"；

10分以下为"差"。

附录5 新产品销路调查分析表

新产品销路调查分析表

年　月　日

品名				售价		
购入客户				进价	（%）	
引进日期	年　月　日			发售日	年　月　日	
状况判断 销售商店	缴纳预估	结果	未购买理由	月份销售预定	备注	
可否销售	月份进货量	一次订购量	标准 库存量	最低 库存量		
可否 销售期间	保管场所					

附录6 线下门店情况调查表

线下门店情况调查表

调查时间：　　年　月　日

地区	店名		地址			
经营形态		资本		代表人		
员工	办事人员	名	决算期	自　　年　月　日 至　　年　月　日	往来银行	
	临时人员	名				
	家族成员	名				
	合计	名				
经营商品种类	部门	%	部门	%	部门	%
销售	销售方针			销售方法		
	月平均销售额		本公司产品月平均销售额		月平均费用	
摘要						

附录7 来店客户调查分析表

来店客户调查分析表

开门： 时 分
关门： 时 分

时刻	主妇	上班族		男主人	小孩		其他		熟客户	路过客人	计	前次调查合计	单独	亲子	夫妇	朋友
		男	女		男	女	男	女								
上午7时																
上午8时																
上午9时																
上午10时																
上午11时																
上午12时																
下午1时																
下午2时																
下午3时																
下午4时																
下午5时																
下午6时																
下午7时																
下午8时																
下午9时																
下午10时																
和前次调查合计的比较																
备注																

附录 8 竞争门店比较表

竞争门店比较表

比较项目 \ 店员	本店	A 商店	B 商店	对策
自身条件				
经营范围				
门店形象				
营业方针				
门店面积				
产品构成				
主要进货厂牌				
每月营业额				
营业人数				
平均每位店员营业额				
店员人数				
来店次数				
举办促销活动				

附录9 门店促销活动计划书

门店促销活动计划书

门店名：_____   申请日期：　年　月　日
                                          编　号：

期间：	年　月　日至　年　月　日	地点：
促销活动类别	□ 1.地区性产品展销活动 □ 2.编制顾客名簿 □ 3.对顾客作技术服务 □ 4.DM函攻势 □ 5.广告刊登	□ 6.感谢客户的赠品活动 □ 7.音乐欣赏、音响试听会 □ 8.影艺欣赏、顾客联谊活动 □ 9.郊游、旅游、露营、园游会等户外活动
促销活动概要		要求支援事项

预计费用	名称	单位	数量	单价	总额	初核补助金	实际发生费用	实际补助金

附录10 销售效率分析表

销售效率分析表

地点：　　　　店名：　　　　　　　　　　　　　　　　　　　　　年　月　日

项目 年月	本月销售	本月客户人数	每名客户的销售额	员工数	平均每名员工销售额	销售员人数	平均每名销售员销货额	员工薪资每一万元的销售额	每名销售员的市场面积	每平方米的销售额	每平方米的库存额
本月											
前年同月											
和前年的比率											
今年累计											
每月平均											
摘要											

附录11 负面情报分析·改善表

负面情报分析·改善表

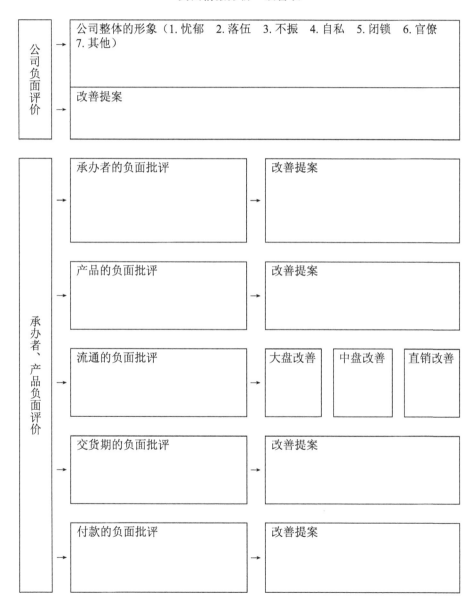

附录 12　畅销产品分析表

畅销产品分析表

品 名			
条　件	项　目		内　容
门市条件	地区	靠近车站	
		靠近铁路沿线	
	门市	大型百货公司	
		综合市场	
		杂货店	
客户条件	时间	平日营业时间	
		假日营业时间	
	年龄层	10 岁	
		20 岁	
		30 岁	
		40 岁	
		50 岁以上	
产品条件	畅销产品	产品种类	
		产品数量	
		销售柜台布置	
		销售柜台环境	
		产品特长	
		包装	
		品质	
		价格	
调查	议评	对销售人员的议评	
		对店长的议评	
		对消费者的调查	

附录 13 产品营销分析表

产品营销分析表

	品质类别	说　明			厂牌	价格	等级	品质	外观	服务	信誉
产品分析	功　能			竞争状况分析							
	品质等级										
	外　观										
	耐久性										
	故障率										
	使用难易										
价格	产品名称＼成本项目				市场动态	客户评价：					
	原料成本										
	辅助材料成本					客户转变状况：					
	人工成本										
	制造费用										
	制造成本				评定						
	期间费用										
	总成本										
	获利率										

附录14 市场开拓调查分析表

市场开拓调查分析表

调查目的		
预计加入行业的现状		
预测加入行业的市场动向		
市场规模分析	将来性竞争的分析	设备、营运的分析
预测加入行业的市场动向		
调查报告的概要		

参考文献

[1] 余晓毅. 互联网时代下新零售模式研究——以瑞幸咖啡为例 [J]. 现代营销（下旬刊），2018（7）：86.

[2] Doug Mataconis. 奈飞公司：线上经营能否开启娱乐新时代 [J]. 英语学习，2014（10）：17-19.

[3] 陈卿，刘夏. 新经济与新组织 [J]. 中国经济报告，2016（3）：70-72.

[4] 麻震敏. 大数据时代：营销智慧的进化论 [J]. 成功营销，2012（7）：82-83.

[5] 霍巧中. 新媒体 新门户 新营销——猫扑网的全新演绎 [J]. 广告大观：媒介版，2006（6）：69-71.

[6] 叶明海. 品牌创新与品牌营销 [M]. 石家庄：河北人民出版社，2001.

[7] 郭洪. 品牌营销学 [M]. 成都：西南财经大学出版社，2006.

[8] 韩大延，王宗光. 线下体验线上销售——苏宁B2C狂想曲 [J]. 现代商业，2012（6）：6-8.

[9] 卿硕，乌东峰. 线上线下营销主体耦合、互动、营销创新与营销绩效的关系实证研究 [J]. 企业经济，2015（8）.

[10] 汪旭晖，张其林. 多渠道零售商线上线下营销协同研究——以苏宁为例 [J]. 商业经济与管理，2013（9）：37-47.

[11] 活动盒子. 从拉新、留存、促活、营收四要素谈谈APP用户运营 [J]. 信息与电脑（理论版），2017（7）：11-14.

[12] 孙琳. 大数据技术在客户细分中的应用 [J]. 信息系统工程，2017（4）：18-21.

[13] 杰弗里. 数据驱动营销：营销人员必知的15个关键指标 [M]. 北京：人民邮电出版社，2014.

[14] 肖军华. 关于大数据驱动精准营销的创新与思考 [J]. 北京石油管理干部学院学报，2017（5）.